SHODENSHA
SHINSHO

どうする財源

——貨幣論で読み解く税と財政の仕組み

中野剛志

JN099722

祥伝社新書

はじめに――「財源」とは何か

2022年末、政府は、防衛力を強化するため、2023年度から5年間の防衛費をおよそ1・6倍の43兆円とする方針を決めました。これにより、日本の防衛費は、海上保安庁や国防にも役立つインフラ予算を含めれば、国内総生産（GDP）の2％と、北大西洋条約機構（NATO）の加盟国が目指す水準に並ぶことになります。

これは、日本の防衛政策の大きな転換点であると言えるでしょう。

ただし、2027年度以降も防衛力を安定的に維持するには、毎年4兆円の追加財源が必要になります。そこで、この財源をどうするのかが大きな問題になりました。

政府は、防衛費の財源について、その4分の3は歳出改革（他の予算を削って防衛費に充《あ》てること）、決算剰余金の活用、税外収入を活用した防衛力強化資金の創設といった工夫により捻出《ねんしゅつ》できるとしました。しかし、残りの1兆円については、増税によって賄《まかな》うものとしました。

この増税について、自由民主党内での調整の過程では賛否両論が巻き起こりましたが、結局、次のような内容で、2022年末に閣議決定（令和5年度税制改正大綱）に至りました。

①法人税には税率4～4・5％の付加税を課す

②東日本大震災の復興財源である復興特別所得税の一部を回す

復興特別所得税は2013年から25年間、所得税額に2・1％を上乗せする形で徴収されてきたが、その税率を1％引き下げ、その分を新たな付加税として課す一方、復興財源の確保のため課税期間を延長する。

③たばこ税を増税する

ただし、増税の実施時期については、「令和6年以降の適切な時期とする」とされました。

こうして、政府は、実施時期は未定とはいえ、いずれ、防衛費を賄うために、増税を実行することを決めました。私たちは、国防のために、より多くの税を納めなければならなくなるというわけです。

ところで、私たちは、そもそも、増税の必要性の根拠となっている**「財源」とは何か**について、本当に知っているのでしょうか？

「妙なことを聞くものだ。財源とは、支出に必要な『お金』のことに決まっているではないか」。そう思われたかもしれません。

では、**「お金」とは、何でしょうか？** そして、その「お金」というものは、いったい、どこから、どうやって生まれてくるのでしょうか？

実は、その正しい答えを知っている人は、意外にも、きわめて少ないのです。

それどころか、予算や税負担を決定する政治家、予算を執行したり税を徴収したりする行政官だけでなく、経済学者ですら、貨幣について、間違った理解をしている人が非常に多い。それが、現実なのです。

しかし、もし、そうだとすると、これは大きな問題です。

言うまでもなく、民主主義の国においては、政府支出の財源、とりわけ税の負担について、最終的に決めるのは、私たち国民です。

しかし、貨幣について正しく理解しないままに、財源をどうするかを論じたところで、何の意味もありません。**私たちは、有権者として政治に参加し、納税者として税金を納める義務がある以上、財源とは何か、つまり貨幣とは何かについて、正しく理解していなければならない**はずでしょう。

そこで、本書は、貨幣とは何なのかという根本論から説き起こして、防衛費の財源をどうやって確保するべきかを論じていきます。本書は、言わば、私たち国民が、主体的に政治に参加するための本なのです。

なお、本書は、防衛費の財源をどう確保するかという、経済や税・財政の問題を中心に扱うこととします。防衛費の金額の妥当性や、防衛支出の中身については、とりあえず、議論から外します。

もちろん、防衛費の金額やその中身については、どうでもよいと言っているのではありません。これらの問題も非常に重要であり、十分に議論しなければなりません。

とはいえ、防衛支出の規模や内容がどうであれ、その財源をどうするのかは、いずれにせよ問題となることです。さらに言えば、防衛支出の規模や内容をどうするかの議論は、財源がどの程度あるかによっても左右されます。「無い袖は振れない」からです。

そこで本書は、財源の問題に焦点を絞《しぼ》って、論じたいと思います。

言うまでもなく、財源が必要なのは、防衛支出に限りません。たとえば、少子化対策をするにしても、気候変動対策をするにしても、必ず財源の問題が論点になります。

ですから、財源をテーマに論じた本書は、どのような政策を議論する場合でも、大いに役に立つことでしょう。

なお、次の序章「防衛財源を巡る様々な見解」では2022年末、防衛費を巡る財源のあり方について、どんな意見が出ていたかを見ていきます。

もっとも、先を急ぎたい方は、ここは飛ばして、第一章「貨幣とは、何だろうか」から読んでいただいてもかまいません。ただし、本書を最後まで読み通した後で、序章に戻って読んでみてください。きっと、愕然《がくぜん》とすると思います。

なお、引用に際しては旧字・旧仮名づかいを現行に改め、ふりがなを加えました。

２０２３年３月

中野剛志

目次

編集協力　大畑峰幸
図表作成　篠　宏行
本文デザイン　盛川和洋
本文ＤＴＰ　キャップス

序章

防衛財源を巡る様々な見解

手始めに、防衛費の財源を巡る世論調査から見てみましょう。

【世論調査】

日本経済新聞社の世論調査（2022年10月）で、防衛費増額の財源に何を充てるべきかを聞いたところ、最多は「防衛費以外の予算の削減」の34％、「国債の発行」は15％、「増税」は9％、「増額は必要ない」は31％という結果になりました。

朝日新聞社の世論調査（2022年12月）では、増税については「反対」が66％で、「賛成」が29％となりました。また、国債の発行については「反対」が67％、「賛成」が27％となりました。

【政府の有識者会議】

政府は、防衛費の財源を含む防衛体制の強化について議論すべく、2022年9月に「国力としての防衛力を総合的に考える有識者会議」を設置しました。

この有識者会議は、同年11月に発表した報告書で、その基本的な考え方について、次のように書いています。これは、政府の見解だとみてもよいと思います。

防衛力の財源についてはその規模と内容にふさわしいものとする必要がある。防衛力の抜本的強化に当たっては、自らの国は自ら守るとの国民全体の当事者意識を多くの国民に共有して頂くことが大切だ。その上で、将来にわたって継続して安定して取り組む必要がある以上、安定した財源の確保が基本だ。これらの観点からは、防衛力の抜本的強化のための財源は、今を生きる世代全体で分かち合っていくべきだ。

（国力としての防衛力を総合的に考える有識者会議「報告書（2022年11月）」）

このような考え方の下《もと》、有識者会議は、「まずは歳出改革により財源を捻出していくことを優先的に検討すべき」だとし、改革の対象となるのは、非社会保障関係費と、独立行政法人に積み上がった積立金だとしています。

その上で、「なお足らざる部分については、国民全体で負担することを視野に入れなければならない」として、増税を提唱しています。

しかし、国債の発行については、「国債発行が前提となることがあってはならない」と明確に否定しました。

【政治家】

次に、与野党の国会議員の意見について、報道から拾ってみます。

自由民主党・猪口邦子《いのぐちくにこ》議員
「3つの税目を組み合わせた提案には賛成だ。自衛隊に対し『税金で支えることはできないので国債で』と言うのは失礼といえる。命をかけてこの国と国民を守る人たちを税金で支えるメッセージを出すべきだ」(「NHK」2022年12月14日)

自由民主党・稲田朋美《いなだともみ》議員
「責任ある防衛、責任ある政治のためにも、4兆円のうちの1兆円、税を国民の皆さんにしっかりお願いをして」(「日本テレビ」2022年12月15日)

自由民主党・和田政宗《わだまさむね》議員

「増税そのものが国民の感覚とかけ離れている、被災地の感覚とかけ離れているということで明確に反対を申し上げた」（「日本テレビ」2022年12月15日）

自由民主党・高鳥修一《たかとりしゅういち》議員
「ちゃんと説明をして理解して頂かなければ。スピード感が大事だとはいえ、いくらなんでも乱暴だ」（「日本テレビ」2022年12月15日）

高市早苗《たかいちさなえ》経済安全保障担当大臣（ツイッター）
「賃上げマインドを冷やす発言をこのタイミングで発信された総理の真意が理解できません」

西村康稔《にしむらやすとし》経済産業大臣（記者会見）
「今は賃上げ、投資、これに集中し成長軌道に乗せて税収の上振れにつなげるべきであるという観点から、このタイミングでの増税については慎重になるべきだと」（「日本テレビ」2022年12月15日）

自由民主党・務台《むたい》俊介《しゅんすけ》議員
「国債が財源としてカウントされていないことは合理的な説明になっていない。国債の償還年限の見直しなど幅広い議論をしたほうがいい」（「ＮＨＫ」２０２２年12月13日）

自由民主党・牧原秀樹《まきはらひでき》議員
「国債は本当の危機の時に発行する余力があることが大事であり、防衛のように今から費用がかかることがわかるものは、安定財源を確保すべきだ。ただ、国民への負担をできるだけ回避することは当たり前で、生活や経済を守りながら防衛を強化するバランスを議論するには、３日では全然足りない。もうすこし深く時間をかけた議論が必要だ」（「ＮＨＫ」２０２２年12月13日）

立憲民主党・泉健太《いずみけんた》代表
「国民も大混乱・大反発で、自由民主党の中が大混乱している。政権の体をなしておらず、混乱の極みだ。国民生活が厳しい状況で、防衛費が何のために５年間で43兆円なのか、全然わかっていない中で増税というのはけしからん。岸田《きしだ》総理大臣のリーダーシップは間違っている」「今一番怒っているのは、東日本大震災の復興に一生懸命歩んでいる東北各県の皆さんではないか。『復興特別所得税』がいつの間にか防衛費に転用されるのは納得できず、本当におかしい」（「ＮＨＫ」２０２２年12月13日）

国民民主党・玉木《たまき》雄一郎《ゆういちろう》代表
「経済回復に向けて、賃金が持続的に上がっていくマインドをつくることが今は大事なので、増税の議論は適切ではない」（「ＮＨＫ」２０２２年12月13日）

共産党・田村智子《たむらともこ》議員
「日本の在り方を変えて戦争をする国家づくりのために増税をするのか。コロナ危機や物価高、賃金も上がらない経済停滞のもとで増税を行えば、日本の経済は破壊される。政府・与党には対決姿勢で臨んでいかなければならない」（「ＮＨＫ」２０２２年12月13日）

このほか、自由民主党の「責任ある積極財政を推進する議員連盟」は、増税に反対し、国債の発行による財源確保を提言しました。

【経済学者・アナリスト】

最後に、経済学者や経済アナリストの見解をいくつか見てみましょう。

BNPパリバ証券の河野龍太郎《こうのりゅうたろう》氏は、「防衛財源は増税と国債のどちらが適しているか」と問われると、こう答えています。

「歳出改革という選択肢もある。その上で、増税か赤字国債かであれば増税で対応すべきだろう。（毎年一定の歳出が生じる）経常費用には税のような経常的な財源を手当てすべきだ」

また、河野氏は、防衛は国民の生命・安全・財産を守るものであることから、「『社会連帯税』のような新しい付加価値税を創設し、生活に困窮する低所得層には給付で相殺するという大きな議論が必要だった」と主張しています。（https://sp.m.jiji.com/article/show/2873469）

一橋大学の佐藤主光《さとうもとひろ》教授は、国債の発行を増やすことは、市場からの信認を失いかねないとして、否定的です。

また、法人税は、税収が景気に左右されがちで不安定なので、財源としては不適切だとしています。復興増税の期限の延長も、将来世代への負担の先送りだと批判しています。

そこで佐藤教授は「当面は現行税制の下で付加税などで課税強化するとしても、これを契機に給与所得控除や公的年金等控除を抑《おさ》えるなど所得控除全般を見直して、所得税の課税ベース自体の拡大を図るべきだろう」と主張しています。(https://www.nikkei.com/article/DGKKZO67187360X21C22A2KE8000/)

立教大学の関口智《せきぐちさとし》教授は、防衛費の財源を巡る議論には、中長期的な視点が欠けていると指摘した上で、「中長期的な方向性として重要なのは、消費課税のみならず、所得課税や資産課税を含めた均衡のとれた税制改革を志向することだ。適切な課税対象の組み合わせにより税収調達力を確保し、世代内・世代間の公平性を確保する姿勢が必要だ」と主張しています。

ちなみに、関口教授は、消費税について、「税収調達力の高さ、消費・貯蓄行動への経済的中立性、世代間負担の公平などに利点があるとされる。安定的な財政運営のための有力な財源であることは確かだ」と評価しています。(https://www.nikkei.com/article/DGKKZO67216150Y2A221C2KE8000/)

慶應義塾大学の土居丈朗《どいたけろう》教授は、防衛費の財源確保のための国債の発行について、「国民に負担増の痛みなく防衛費がやすやすと増やせると錯覚させる意味で虫が良すぎる」と厳しく批判します。

その理由は、「国債で防衛費を賄うと、それで揃えた防衛装備品は、技術進歩が激しく10年も経てば陳腐化して使えなくなるのに、その購入費に充てた国債は、使えなくなった10年後以降は完済されるまで、その元利償還負担だけが国民に及ぶ」からだというのです。

土居教授は、「今後の防衛論議の焦点は、増税に賛成か反対か、ではない。防衛費を43兆円にするために増税を甘受するか、増税を拒むなら防衛費を42兆円にするか、のどちらか、である」と主張しています。(https://news.yahoo.co.jp/byline/takerodoi/20221211-00327802)

慶應義塾大学の井手英策《いでえいさく》教授は、こう述べています。

「防衛費を『GDP比2%』にするとの基準にはどのような合理的根拠があるのか、一体誰がどこで話し合ったのか。これは今の政治に通底しており、民主主義の本質に関わる話だ。コロナ禍での特別定額給付金は仕方ないとしても、いまだに『現金ばらまき』が続く。膨大な赤字国債を押しつけられる今の子どもや未来の子どもたちは意思決定に関わることさえできない。民主主義が息絶えつつあるということではないか。（中略）今こそ『ばらまき』か民主主義かの戦いであり、与野党から財源論を直視する若手が出てこなければ日本の政治はこの先厳しいだろう」（https://www.jiji.com/jc/article?k=2022122800546&g=pol）

このように、防衛費の財源を巡る議論は様々ですが、まとめると、おおむね次のようになります。

まず、そもそも、防衛費の財源を捻出するため、まずは歳出改革を行なうべきだという見解は、共通しているようです。争点は、足らざる部分を国債発行によるか、増税によるかになります。

世論調査では、増税も国債の発行も賛成は少ないようです。

政府の有識者会議は、増税を提言し、国債発行を否定しました。

自由民主党内は、増税と国債発行とで意見が割れたように思われます。他方、野党は増税反対で共通しているようです。

そして、経済学者や経済アナリストは、その多くが、防衛費の拡充に反対でなければ、増税を支持し、国債発行には否定的だったという印象です。

さて、防衛費の財源については、いずれの見解が正しいのでしょうか。

それを考える上で、まずは必須の知識である「貨幣とは、何か」を理解することから始めることにしましょう。

第一章

貨幣とは、何だろうか

商品貨幣論

貨幣の起源というと、次のようなストーリーがイメージされるのではないでしょうか。

むかしむかし、人々は物々交換でモノをやりとりしていました。

自分に必要なモノは、全部、自分で作れるわけではないので、何か必要なモノがある時は、それを持っている誰かのところに行って、自分が作るモノと交換したのです。

たとえば、山の村人は鹿を狩り、海辺の村人は魚を獲《と》っていました。そして、山の村人は海辺の村人に鹿肉を渡し、代わりに魚をもらっていました。

しかし、モノとモノとを交換するのは面倒です。そこで、人々は、金や銀など、それ自体に価値のあるモノを選んで、それを「交換の手段」とすることにしました。これが、貨幣の起源です。

やがて、金貨や銀貨といった貴金属の貨幣は、紙幣に姿を変えて使われるようになりました。最近では、電子マネーが使われるようになっています。

もっとも、金貨や銀貨と違って、単なる紙切れ（紙幣）や電子信号（電子マネー）には、それ自体に価値はありません。しかし、人々は、紙幣や電子マネーに貨幣としての価値があると信じ込んでいるので、交換手段として使っているのです。

このように、「貨幣とは、もともとは金貨や銀貨のように、それ自体に価値があるモノを交換手段としたものである」とする考え方を「商品貨幣論」と言います。

この商品貨幣論のストーリーは、一般に広く信じられているというだけではなく、主流派経済学の教科書でも、商品貨幣論にもとづいて、貨幣を説明しています。

数千年前に存在した信用システム

ところが、この商品貨幣論には、深刻な問題が2つありました。

ひとつは、貨幣の起源を研究した歴史学者や人類学者たちが、今日に至るまで誰も、「物々交換から貨幣が生まれた」という証拠資料を発見することができなかったということです。

それどころか、硬貨が発明されるより数千年も前のエジプト文明やメソポタミア文明に、ある種の信用システムが存在していたことが明らかになっています。

たとえば、紀元前3500年頃のメソポタミアにおいては、神殿や宮殿の官僚たちが、臣下や従属民から必需品や労働力を徴収し、また彼らに財を再分配していました。そして、神殿や宮殿の官僚たちが、臣下や従属民との間の債権債務を計算したり、記録したりするための計算単位として、貨幣が使われていたのです。

また、古代エジプトは私有財産や市場における交換は存在しない世界でしたが、それにもかかわらず、貨幣は存在していました。その貨幣もまた、国家が税の徴収や支払いなどを計算するための単位として使われていました。

このように、貨幣は、物々交換や市場における取引から生まれたのではなかったのです。

商品貨幣論のもうひとつの問題は、紙幣や電子マネーがどうして貨幣なのかについて、うまく説明できないという点です。

主流派経済学者は、「単なる紙切れや電子信号には、貴金属と違って、それ自体に価値はないけれども、人々が、紙幣や電子マネーに貨幣としての価値があると信じ込んでいるから、貨幣として流通しているのだ」という説明をします。

しかし、この説明は、いかにも苦しい。

「人々が、1万円札が1万円の価値があると思って使っているのは、人々が1万円札に1

万円の価値があると思っているからだ」などというのは、単なる循環論法であって、きちんとした説明になっていません。

というわけで、商品貨幣論は、主流派経済学の教科書が教えている貨幣論であるにもかかわらず、正しいとは言えないと結論しなければなりません。

信用貨幣論

では、正しい貨幣論とは、いったい、どのようなものなのでしょうか。

イギリスの中央銀行であるイングランド銀行が、その季刊誌（2014年春号）の中で、貨幣に関する入門的な解説を掲載しています。

その解説は、先ほどの商品貨幣論は間違っていると指摘した上で、次のように述べています。

　今日、**貨幣とは負債の一形式であり、経済において交換手段として受け入れられた特殊な負債**である。

(Michael Mcleay, Amar Radia and Ryland Thomas, 'money in the modern economy')

このように、貨幣を「負債」の一種とみなす学説を「**信用貨幣論**」と言います。

貨幣の歴史をたどってみても、先ほど見たように、古代メソポタミアや古代エジプトでは、宮殿や神殿の官僚たちが、臣下や従属民との間の債権債務を計算したり、記録したりするための計算単位として、貨幣を使っていました。

貨幣は、物々交換から生まれたのではなく、信用と負債の関係の記録として生まれたというわけですから、歴史的にみても、信用貨幣論のほうが正しいと言えるでしょう。

流通する貨幣の大半は、現金ではない

信用貨幣論について、もうすこし説明しましょう。

貨幣とは、負債の一種だと言うのであれば、負債を発生させると、貨幣が創造されるということになります。

しかし、債務でしたら、誰だって負うことができるでしょう。しかし、実際のところ、債務を負いさえすれば、誰でも貨幣を創造できるというわけではありません。

なぜなら、負債には、借り手が貸し手に返済できなくなる、つまり「デフォルト（債務

不履行）」の可能性があるからです。デフォルトするかもしれない負債を、貨幣として使う人はいないでしょう。

ですから、「貨幣」として使われる負債というものは、デフォルトの可能性がほとんどないと信頼される特殊な負債だけということになります。

では、現代経済において、そのような「貨幣」として流通する負債とは何でしょうか。

それは、**「現金通貨（中央銀行券と硬貨）」**と**「銀行預金」**であるとされています。

中央銀行券（お札）と硬貨が貨幣であるのは、言うまでもありませんが、**「銀行預金」も貨幣に含まれます。**というのも、銀行預金は、給料の受け取りや貯蓄に使われており、事実上、貨幣として機能しているからです。それゆえ、銀行預金は「預金通貨」とも呼ばれます。

しかも、**現代経済において流通する貨幣の大半は、現金ではなく、銀行預金**です。たとえば、日本でも、貨幣のうち、現金が占める割合は2割未満しかありません。

さて、現金通貨のうち「中央銀行券」を創造するのは、中央銀行です。日本のお札（日本銀行券）を創造するのは、日本銀行（日銀）です。そして、硬貨を創造するのは、政府になります。

では、貨幣のほとんどを占める「銀行預金」という通貨は、いったい誰が創造しているのでしょうか。

それは、民間銀行になります。

中央銀行だけではなく、民間銀行も貨幣を創造しているのです。

民間銀行が普通の企業と違って特殊なのは、預金通貨という通貨を創造する機関だという点にあります。

民間銀行はいかにして貨幣を生み出すか

では、民間銀行は、どうやって通貨を創造するのでしょうか。言い換えれば、民間銀行は、どうやって預金を生み出すのでしょうか。

実は、第二章でも説明しますが、民間銀行がどうやって預金通貨を生み出しているのかを理解することは、資本主義という経済システムを理解する上で、決定的に重要です。

民間銀行は、どうやって預金通貨を生み出しているのか。

多くの人が、民間銀行は、貯蓄をしたい個人や企業から預金を集め、その銀行預金を元手にして、貸出し業務を行なっていると思っています。言わば、銀行は、個人や企業から集めたお金を又貸ししているものと思われているわけです。

しかし、これは、実は、間違いなのです。

実際には、民間銀行は、人々から集めた預金を元手にして、貸出しを行なっているのではありません。**民間銀行は、貸出しによって、預金という通貨を生み出す**のです。民間銀行の貸出しは、預金など元手となる資金を必要としません。民間銀行は、手元に何もなくても、貸出しを行ない、預金を生み出すことができます。

すなわち、預金が貸出しを可能にするのではなく、**貸出しが貨幣（預金通貨）を創造するのです。**そして、反対に、**債務が返済されると、貨幣は破壊されます。**

たとえば、甲銀行が、借り手のA社の預金口座に1000万円を振り込む場合、甲銀行は保有する1000万円の現金をA社に渡しているわけではありません。

甲銀行は、A社の預金口座に1000万円と記帳するだけなのです。

このようにして、民間銀行は、何もないところから、新たに1000万円の預金通貨を生み出すのです。これを「**信用創造**」あるいは「**貨幣創造**」と言います。

そして、A社が1000万円の負債を甲銀行に返済すると、預金通貨は消滅します。貸出しが「貨幣創造」であるならば、返済は「貨幣破壊」ということになります。

民間銀行による貸出しが貨幣を生む

不思議に思われるかもしれませんが、簿記の知識に慣れた人は、これをバランスシートで理解するとよいかもしれません。

バランスシートは、ある部門の「負債」は他の部門の「資産」であり、ある部門の「資産」は他の部門の「負債」であるという関係を表しています。

先ほどの甲銀行とA社の取引について言えば、バランスシートでは、A社の1000万円の銀行預金という資産は、甲銀行の負債と表現されます。他方で、A社の1000万円の借入れという負債は、甲銀行の資産と表現されます。

そして、甲銀行によるA社への貸出しによって、甲銀行の「負債」である1000万円の預金という貨幣が創造されます（図1）。反対に、A社が甲銀行に1000万円の借入れを返済すると、1000万円の預金という貨幣は消失・破壊されるのです（図2）。

図1　甲銀行がA社に1000万円を貸出し（貨幣［預金通貨］の創造）

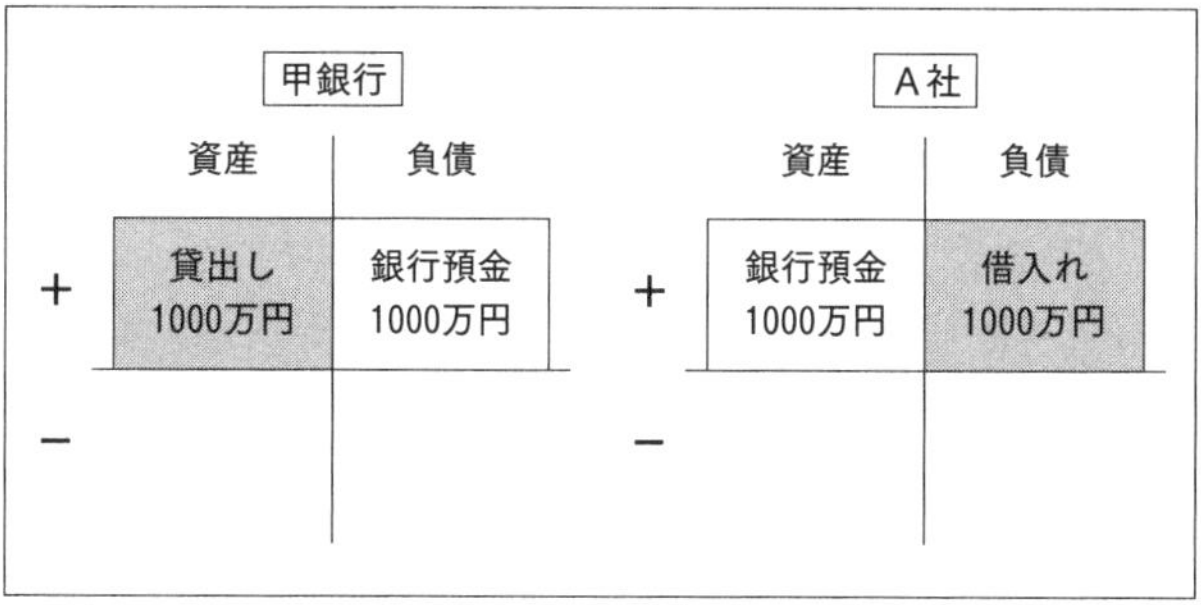

図2　A社が甲銀行に1000万円を返済（貨幣［預金通貨］の破壊）

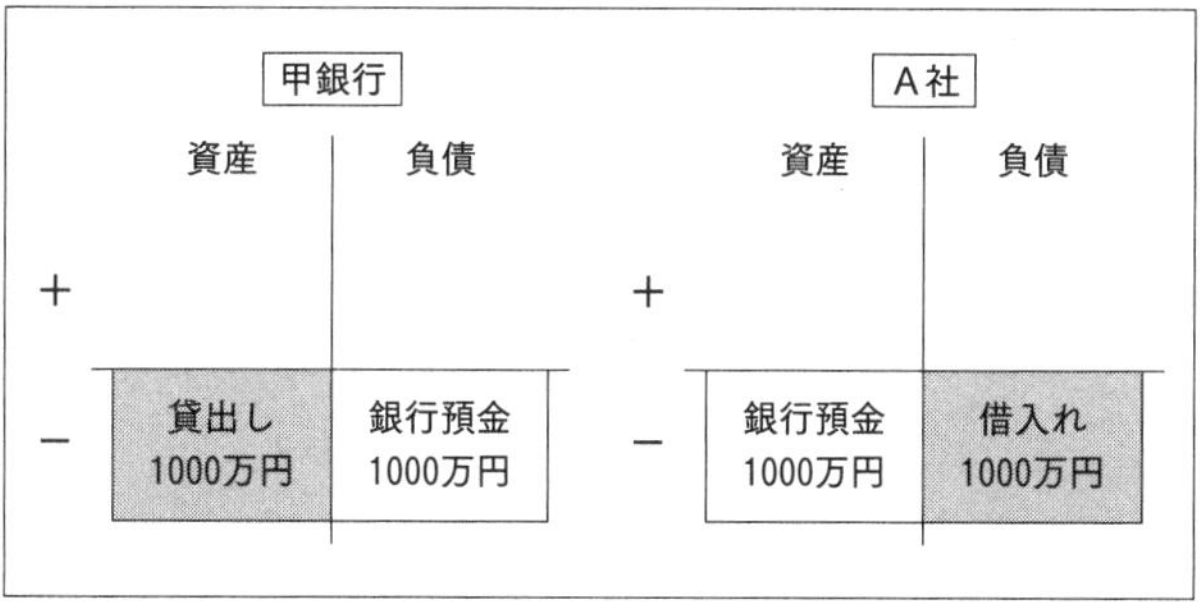

さて、以上が、民間銀行による貸出し業務の実態です。民間銀行による貸出しは、貨幣（預金通貨）を創造するのです。

ですから、イングランド銀行による解説には、次のように書かれています。

商業銀行は、新規の融資を行なうことで、銀行預金の形式の貨幣を創造する。

あるいは、我が国の全国銀行協会が編集している『図説 わが国の銀行（10訂版）』（財経詳報社）にも、次のように書いてあります。

銀行が貸出を行う際は、貸出先企業Xに現金を交付するのではなく、Xの預金口座に貸出金相当額を入金記帳する。つまり、銀行の貸出の段階で預金は創造される仕組みである。

ちなみに、日本銀行の調査統計局長や理事を歴任した早川英男《はやかわひでお》氏も、「一般の人には不思議に思われるかも知れないが、銀行員なら貸出しとは『借り手の預金口座に貸出額に等しい預金を書き込む』ことに他ならないことを知っている筈だ」（Michael Mcleay, Amar Radia and Ryland Thomas, 'Maney creation in the modern economy'）と述べています。

さらに、２０１９年４月４日の参議院決算委員会において、西田《にしだ》昌司《しょうじ》議員と黒田東彦《くろだはるひこ》日本銀行総裁（当時）の間で、次のようなやりとりがありました。

西田昌司委員「銀行は信用創造で十億でも百億でもお金を創り出せる。借入れが増えれば預金も増える。これが現実。どうですか、日銀総裁」

黒田日銀総裁「銀行が与信行動をすることで預金が生まれることはご指摘の通りです」

西田議員は、民間銀行が貸出しを行なうことで銀行預金という貨幣を創造する「信用創造」について、日銀総裁に確認を取ったというわけです。

西田議員は積極財政論者として知られています。その西田議員が、なぜ、わざわざ国会で日銀総裁に信用創造について確認を取ったのでしょうか。それは、本書の主題である「財源」と深く関係しているからなのですが、それについては、追々、説明していくことにしましょう。

民間銀行の貸出しの制約

民間銀行は、手元に資金がなくても、貸出しを行なうことができます。そして、貸出しを行なうことで、銀行預金という貨幣を創造します。

預金が貸出しの原資となるのではなく、貸出しによって預金が生まれるという因果関係なのです。

この貨幣創造について、かつてジェームズ・トービンという経済学者は「万年筆マネー」と言ったことがありました。むかしの銀行では、銀行員が万年筆で口座に融資金額を記帳することで、預金を生み出したので「万年筆マネー」と言ったわけです。現代では、銀行員はコンピューターのキーボードで融資金額を打ち込むので、「キーストローク・マネー」と呼ぶ人もいます。

要するに、貨幣というものは、単なる信用と負債の関係を記録する計算単位にすぎないということです。その記録が、貴金属によって表示されようが（金貨や銀貨）、紙で表示されようが（紙幣）、電子信号で表示されようが（電子マネー）、同じことです。貴金属、紙、電子信号という媒体の価値は、貨幣の価値とは関係がありません。

これが、信用貨幣論の考え方です。

商品貨幣論の間違いは、信用と負債の関係の記録を表示する媒体（貴金属）を貨幣そのものと見間違えてしまったところにあると言えるでしょう。


さて、重要なので繰り返しますが、民間銀行は貸出しを通じて、何もないところから、貨幣を創造することができます。

このように言うと、民間銀行は、「打ち出の小槌《こづち》」のように、何の制約もなく、いくらでも貨幣を生み出すことができるように思えてしまうかもしれません。

しかし、実際には、民間銀行の貸出しには制約があります。

それは、**貸出し先である企業に、返済能力がなければならないという制約**です。

返済の見込みのない貸出しなど、できるわけがありません。

ですから、民間銀行は、貸出しにあたっては、企業に対して与信審査を行ない、将来、債務を返済できるのに十分な収入が見込めるかどうかを、厳しくチェックします。

返済の見込みのある優良企業であれば、民間銀行は貸出しを行なうことができます。その貸出しの際、民間銀行は、手元に資金を保有している必要はなく、貸出しを通じて、「無から」預金という貨幣を創造することは、すでに述べた通りです。

ということは、民間銀行の貸出しは、**手元の資金の制約を受けることはないけれども、貸出し先の企業の返済能力には制約される**ということになります。

逆に言えば、貸出し先の企業に返済能力がある限り、民間銀行は、いくらでも貸出しを行なうことができ、貨幣を創造することができるということになります。

貸出しなくして、貨幣創造なし

ただし、もっと正確に言えば、貸出し先の企業に返済能力があるというだけではなく、その企業が銀行融資を受けて事業を行ないたいという要求、つまり「資金需要」がなければなりません。

これは、当たり前の話のように見えますが、非常に重要なポイントになります。

いくら民間銀行が「無から」貨幣を生み出すことができる特殊な機関だからといっても、企業に借入れをしたいという資金需要がなければ、民間銀行は貸出しを行なうことができないでしょう。

貸出しができなければ、民間銀行は貨幣を創造できません。

逆に言えば、（返済能力のある）企業の資金需要さえあれば、民間銀行は、その資金需要に応じて、いつでも、そして、いくらでも貸出しを行ない、貨幣を創造して供給できるというわけです。

したがって、民間銀行が貨幣を創造するのに必要な条件とは、返済能力のある企業に借入れの資金需要があるということです。

すなわち、**貨幣を生み出す源泉は、「需要」**なのです。需要が、銀行を介して、貨幣を作り出しているのです。

現金通貨はどうして信頼されているか

ところで、民間銀行は、中央銀行に一定額の準備預金を設けておかなければならないと法令によって決められています。

たとえば、銀行預金からの現金通貨の引き出しが大量にあった場合には、民間銀行は、準備預金から現金通貨を引き出して、支払います。また、中央銀行と民間銀行の間、あるいは民間銀行同士の間における資金の決済は、この準備預金を通じて行なわれています。

ちなみに、準備預金もまた、民間銀行が集めた預金の一部を中央銀行に預けたものではありません。中央銀行が創造し、民間銀行に貸し出しているものです。つまり、準備預金は、中央銀行による信用創造によって生み出されているわけです。なお、日本における準備預金は、「日銀当座預金」と呼ばれています。

現金通貨（お札と硬貨）と準備預金（日銀当座預金）を合わせたものは、「マネタリー・ベース」と呼ばれています。マネタリー・ベースは、政府（と中央銀行）が創造したものです。

銀行預金から現金を引き出せるということは、銀行預金は、究極的には、政府や中央銀行が創造した貨幣との交換が保証されているということです。だから、銀行預金は、貨幣として信頼されているというわけです。

では、お札や硬貨といった、政府や中央銀行が創造した貨幣は、何との交換が保証されているのでしょうか。

かつて、各国の通貨は、金《きん》との交換が保証されていた時代がありました。「金本位制」と呼ばれる制度です。

しかし、現代の通貨制度はもはや金本位制ではありません。私たちが1万円札を日銀や政府に持ち込めば、1万円相当の金《きん》と交換してもらえるなどということはありません。

では、現金通貨は、どうして貨幣として信頼され、流通しているのでしょうか。

その答えは、第三章で明らかにしていきます。

とりあえず、**現段階では、民間銀行は貸出しを通じて貨幣を創造する特殊な機関であり、返済能力のある企業の資金需要に応じて、いつでも、いくらでも貨幣を供給することができる**ということを確認しておきましょう。

第二章

資本主義の仕組み

知っているようで知らない「資本主義」

私たちが暮らしている日本の経済が「資本主義経済」であることは言うまでもありません。

ですが、「資本主義」とは、いったい、どういう経済システムなのでしょうか。

これにきちんと答えられる人は、意外と少ないのではないかと思われます。

20世紀最大の経済学者の1人と言っていいジョセフ・アロイス・シュンペーターは、資本主義とは、次の3つの特徴を有する産業社会のことであると定義しました。

①物理的生産手段の私有
②私的利益と私的損失責任
③民間銀行による決済手段（銀行手形あるいは預金）の創造

この3つの特徴のうち、**③の「民間銀行による決済手段の創造」こそが、資本主義の定義の中でも特に重要**であるとシュンペーターは言っています。

一般的に、「資本主義」と言うと、かつてのソヴィエト連邦のような共産主義と対比されて、私有財産制度や市場経済といったものと同じものとみなされがちです。そういうイメージによれば、①「物理的生産手段の私有」や②「私的利益と私的損失責任」こそが、資本主義の中核であるかのようにみえるでしょう。

ところが、シュンペーターは、①と②の特徴はあっても、③の特徴、すなわち「民間銀行による決済手段の創造」が欠けているような社会は、「商業社会」ではあるかもしれないが、「資本主義」だとは言えないと主張しています。

第一章において、私たちは、民間銀行が貸出しによって「無から」預金を創造するという「信用創造」について学びました。

この信用創造こそが、資本主義に不可欠かつ最も重要な特徴だとシュンペーターは言うのです。

ですから、信用創造を知らなければ、資本主義を知っていることにはならないということになります。

言い換えれば、私たちは、第一章において資本主義の中核的な原理を学んだというわけです。

銀行制度を含む経済システムである資本主義は、「資本」(貨幣)をそのシステムの内部から創造するものだと言うことができます。

「資本」を自ら生み出す経済システムだから「資本主義」と呼ばれるのだとしたら、銀行制度の信用創造は、確かに資本主義の中核的な機能であると言えるでしょう。

資本主義がいつ、どのようにして誕生し、発達したのかについては、いろいろな説がありますが、近代的な銀行制度の起源は、複式簿記の誕生と関係があるようです。

複式簿記は、13世紀末から14世紀初頭頃のイタリアで生まれたと考えられています。特に1494年にイタリアの数学者ルカ・パチョーリが『簿記論』を著《あらわ》したことで、複式簿記はヨーロッパ中に広まり、複式簿記にもとづいた高度な商業活動が行なわれるようになりました。それに伴い、貸付業務を行なう銀行がイタリアに登場し、やがてオランダやイギリスにも広まり、特にイギリスで発達しました。

銀行制度が発達したおかげで、企業は、その資金需要に応じた資金供給を容易に受けられるようになりました。

企業は、自身に元手となる資金がなくても、銀行から借り入れることで、巨額の資金を動かすことができます。

つまり、銀行制度のおかげで、企業は、その所得を超えた大きな支出を行なうことができるのです。

こうして、銀行制度が存在しなかったら、とうてい不可能な大事業が、可能になりました。

18世紀後半に、イギリスで産業革命が起き、世界は大きく変わりました。その産業革命を可能にしたのは、銀行制度でした。イギリスでは、銀行制度が発達していたから、産業革命が起き得たのだと言えるのです。

資本主義における貨幣の循環

資本主義においては、民間銀行が貸出しによって預金という貨幣を創造し、その貨幣が取引や貯蓄の手段としても使われ、経済の中を巡り巡っていきます。

その資本主義における貨幣の循環に着目したのが、「貨幣循環理論（Monetary Circuit

Theory)」です。

ここでは、貨幣循環理論について、ごく簡単ではありますが、説明しましょう。

改めて確認すると、民間銀行は、信用創造によって、「無から」貨幣（預金）を生み出すことができます。民間銀行の貸出し（＝貨幣の創造）に必要なのは、事前に保有しておくべき資金ではなく、（返済能力のある）借り手の資金需要だけです。

貨幣の循環は、貨幣の創造から始まりますが、貨幣の創造は、企業の資金需要を必要としています。ということは、貨幣循環は、企業の資金需要から出発することになります。

まず、事業を行ないたいので資金が欲しいという企業の資金需要があります。

その企業の資金需要に対して、民間銀行が貸出しを行なうことで、貨幣（預金）が創造されます。

次に、企業が事業を行なうために支出します。たとえば、工場を建設する資材を購入したり、原材料を仕入れたり、あるいは従業員に給料を支払うために、企業は貨幣（預金）を支出します。こうして、企業が支出を行なうことで、貨幣は取引先の企業や従業員へと供給されます。そして、貨幣を得た取引先の企業や従業員もまた支出を行なうことで、貨

図3　貨幣循環（民間部門）

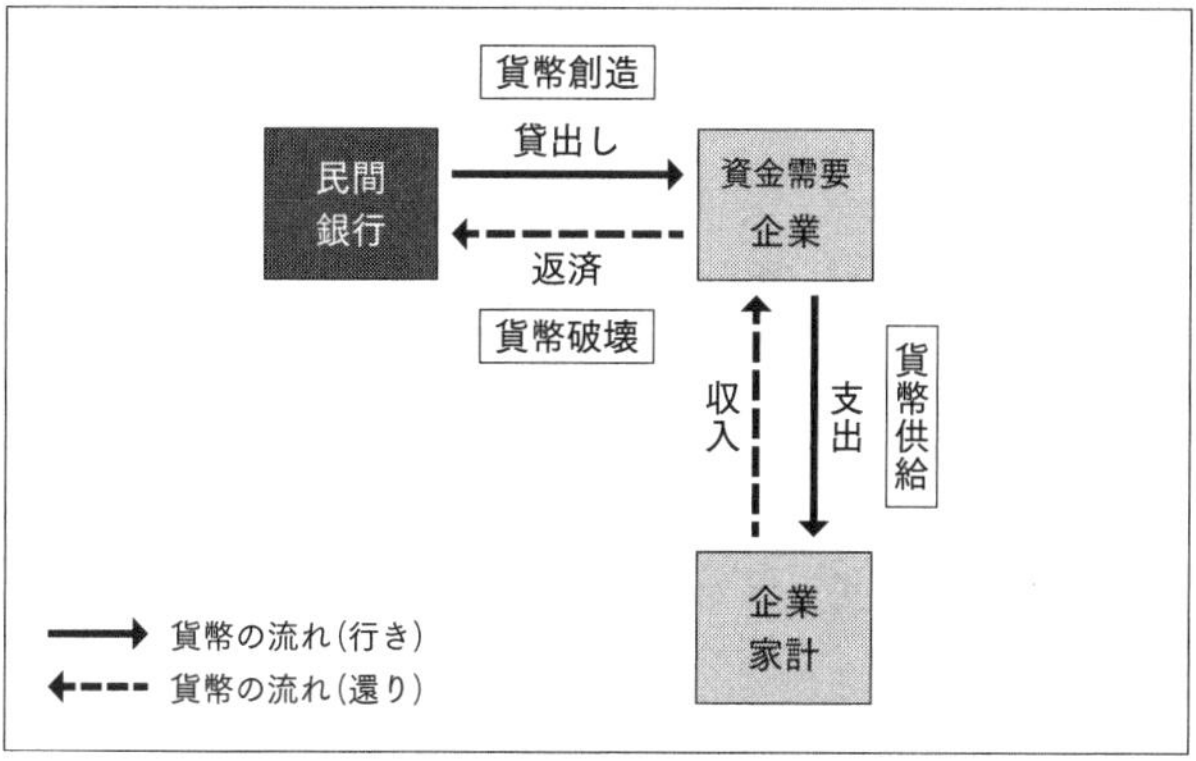

幣は経済の中を循環します。

そして、企業は借入れを元にして行なった事業によって、収入を得て、貨幣を獲得します。つまり、企業が支出した貨幣が、経済の中を循環して、また戻ってきたというわけです。

最後に、企業は、収入によって得た貨幣を用いて、銀行に債務の返済を行ないます。そうすると、貨幣は破壊され、消滅します。

この一連の貨幣循環を図示すると、図3のようになります。

貨幣循環の仕組み

さて、この貨幣循環のプロセスから、次のような重要なことが確認できます。

①支出が先、収入が後

まず、企業は、支出にあたって、必ずしも収入（＝財源）を必要としていません。図3の実線の矢印と、点線の矢印を見てください。企業は、先に貨幣の支出を行ない、その後で、収入を得ています。「支出が先、収入が後」なのです。

②企業の財源＝企業の需要

民間銀行は、返済能力のある企業に対しては、その資金需要に応じて、いつでも、いくらでも、貸出しを行ない、資金を供給することができます。逆に言えば、民間銀行が貸出し（貨幣の創造）を行なうには、企業の資金需要がなければなりません。

さて、財源とは、入手したい貨幣の源泉のことでしょう。その貨幣は民間銀行が創造しますが、民間銀行が貨幣を創造するためには、貸出し先である企業の資金需要が必要になります。

企業の資金需要が民間銀行を通じて貨幣を創造し、その貨幣が企業の事業の財源となる。

そうであるならば、企業の財源とは、元をたどれば、企業の需要ということになるでしょう。企業の財源は、企業の「収入」ではなく、企業の「需要」だということです。

③企業の収入と返済が、貨幣を破壊する

図3から明らかなように、企業の貸出しによって貨幣は「無から」創造され、企業の支出によって貨幣は、経済の中に供給されていきます。これが、図3の実線の矢印が描く貨幣循環の行きの流れです。

しかし、貨幣循環には、還《かえ》りの流れもあります。図3の点線の矢印です。すなわち、企業が収入を得ると、貨幣は経済の中から回収されていきます。そして、企業が回収した貨幣をもって銀行に債務の返済を行なうと、貨幣は破壊され、消滅します（39ページの図2のバランスシートも参照してください）。

④すべての企業が完済してしまうと、貨幣がこの世から消えてしまう

企業は、民間銀行からの借入れによって貨幣を得て、それを支出によって供給し、収入によって貨幣を回収して、銀行に返済することで、貨幣を破壊します。

もちろん、ひとつひとつの企業は、民間銀行から借り入れた債務を返済する義務があり

ます。

しかし、すべての企業が債務を完済してしまうと、どうなるでしょうか。

「貨幣は、負債の特殊な形式」であり、返済は貨幣を破壊することですから、**すべての企業が債務を完済すると、経済の中から貨幣（＝負債）が消滅する**ことになってしまいます。

ですから、資本主義経済においては、人々が取引や貯蓄のために貨幣を使用するには、債務を負った企業が常に相当数存在していなければならないということです。

いくつかの企業が銀行に債務を返済するとしても、他の企業が新たに銀行から借り入れて債務を負っているという状態でなければ、資本主義は成り立たないのです。

この点について、わかりやすい絵で表現したものが、図4になります。蛇口から水槽へと流れる水は、企業が債務を負うこと（貨幣創造）で支出した貨幣を意味しており、水槽につけられた排水管から水槽の外へ流れ出す水は、企業による債務の返済（貨幣破壊）を表現しています。水槽は、国の経済全体です。水槽（国の経済）の中に水（貨幣）が貯まって流れているためには、蛇口から流入する水（債務）のほうが、排水管から排出される水（返済）よりも多くなければならず、水（債務）がすべて排出（返済）されたら、水槽

図4　民間部門の貨幣循環

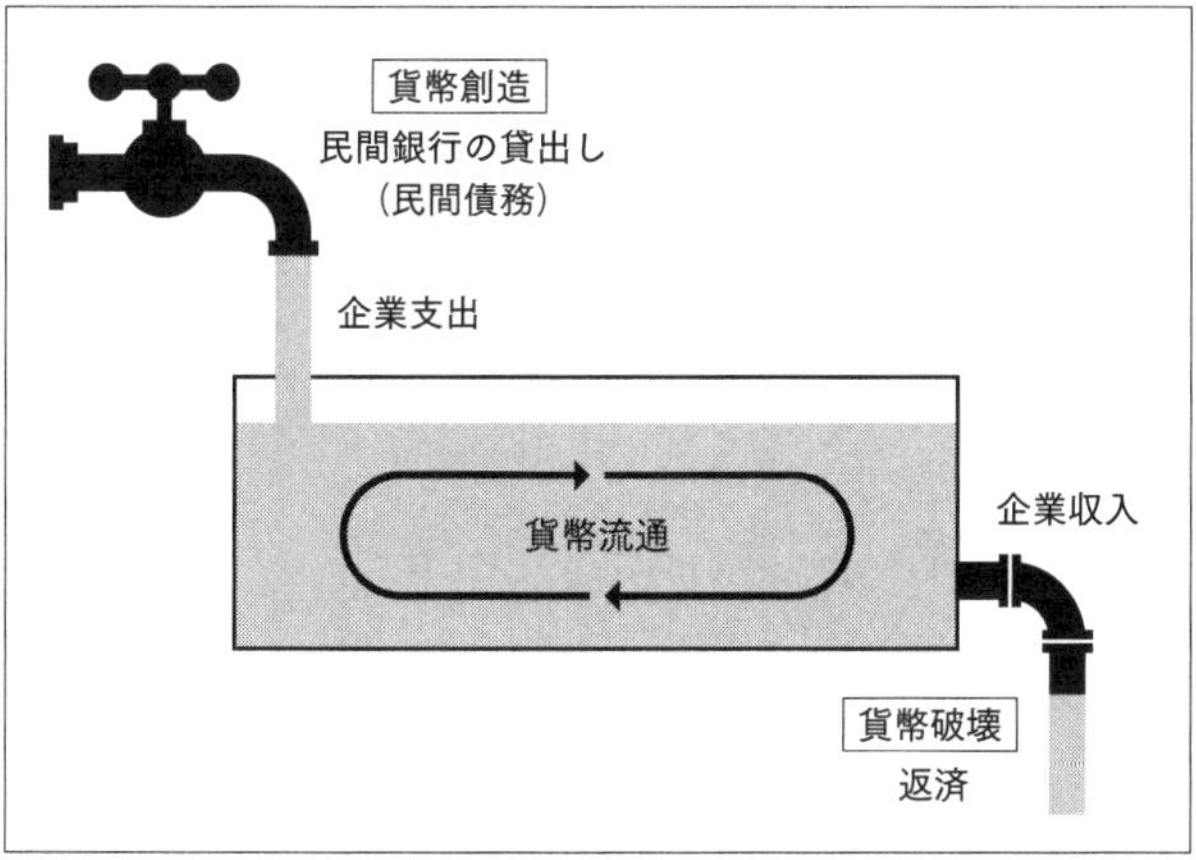

（国の経済）の中の水（貨幣）がなくなってしまうことがイメージできるでしょう。

このことは次のようにも言うことができます。確かに、ミクロ（一《いち》企業単位）で見れば、負債というものは必ず返すべきものであり、また、負債が少ない企業経営のほうが健全だという考え方もあり得るのかもしれません。

しかし、マクロ（経済全体）で見れば、負債とは貨幣のことであり、負債が存在しなければ、貨幣もまた存在しなくなってしまいます。企業経営の場合と違って、経済全体については、負債が少ないほうが健全だとは言えません。むしろ、負債＝貨幣が減少して、人々が貧しくなっているのならば、それは不健全な経済状態だと言うべきでしょう。
この点について、もうすこし詳しく論じてみましょう。

デフレは、資本主義の死

貨幣の不足によって経済全体が貧しくなる不健全な経済状態とは、デフレ（デフレーション）のことです。

デフレとは、一般的には、一定期間にわたって、物価が持続的に下落する現象のことを言います。その反対に、物価が持続的に上昇する現象は、インフレ（インフレーション）と呼ばれます。

デフレは、どうして起きるのでしょうか。それは、経済全体の需要（消費と投資）が、供給に比べて少ない状態が続くからです。「需要不足／供給過剰」が、デフレを引き起こします。

デフレとは、需要が不足すること、つまりモノが売れない状態です。

モノが売れない状態が続けば、どうなるか。

企業は赤字が続き、最悪の場合は倒産してしまうでしょう。労働者は賃金が下がり、最悪の場合は失業してしまうでしょう。

企業は赤字が続いたり、倒産したりすれば、「投資」をしなくなります。労働者は賃金が下がったり、収入がなくなったりすれば、「消費」をしなくなります。

投資と消費とは「需要」です。

デフレで企業が苦しくなり、労働者が貧しくなれば、需要はさらに縮小し、デフレは続きます。

このデフレの悪循環について、別の言い方をすると、次のようになります。

デフレとは、物価が継続的に下落することですから、裏を返すと、貨幣の価値が継続的に上昇するということです。

デフレとは、貨幣の価値が上がっていく現象なのです。

さて、貨幣の価値が上がっていくならば、人々は、モノよりもカネを欲しがるようになるでしょう。つまり、支出よりも貯蓄を選ぶということです。

また、大金持ちはともかく、普通の消費者は、住宅や自動車のような大型の消費をする場合には、ローンを組むでしょう。

企業もまた、大型の投資をするにあたっては、銀行から借入れをします。

しかし、デフレで貨幣価値が上がっていく中で、債務を負うと、どうなるでしょうか。貨幣価値が上がるということは、借金は、借りた時よりも返す時のほうが実質的に膨《ふく》らんでいるということになります。

このため、デフレになると、誰も銀行から融資を受けなくなります。その反対に、債務が膨らむのを恐れて、返済を急ぐようになります。

デフレになると、経済はどうなるか

さて、資本主義とは、どういう経済システムであったのかを思い出してみましょう。

資本主義とは、民間銀行が企業への貸出しによって貨幣を創造し、企業がその貨幣を使って事業を行ない、支出によって貨幣を供給します。貨幣は、経済の中を循環して、生産活動や商業活動を活発にします。

企業が支出をするから、それを受け取る他の企業が利益を増やし、従業員の所得が増えるのです。こうして、経済は成長していきます。

そして、この貨幣循環の出発点には、企業の需要がありました。企業の需要があるから、貨幣が生み出され、経済の中を循環して、経済全体を豊かにするのです。

ところが、デフレになると、どうなるでしょうか。

デフレの原因とは、需要不足です。つまり、企業の需要がない状態です。企業の需要がなければ、民間銀行は貸出し（＝貨幣の創造）ができません。貨幣が創造されなければ、企業は支出できず、従業員の給料も増えません。それでは、経済は成長するどころか、縮小していくしかないでしょう。

問題は、民間銀行の貸出しができなくなることだけではありません。デフレで債務が実質的に膨らむことを恐れる企業は、銀行への返済を急ぎます。つまり、貨幣の破壊を急ぐということです。

貨幣の創造が行なわれず、貨幣の破壊だけが進む。これが、デフレです。

先ほどの図4（59ページ）で言うと、蛇口から水が流れてこないまま、排水管から水が排出されるだけになり、水槽の水が枯渇するというような状態です。

つまり、**デフレとは、貨幣循環を止め、貨幣を破壊していく恐ろしい現象**なのです。

資本主義の心臓は、民間銀行による信用創造でした。

しかし、デフレになると、民間銀行の信用創造機能が停止します。要するに、**資本主義が心肺停止状態に陥《おちい》る**ということです。

戦前の世界では、たとえば1930年代の世界恐慌に見られるように、このデフレという現象がたびたび引き起こされました。資本主義が未熟だったからです。

しかし、戦後の先進資本主義諸国は、世界恐慌の反省も踏まえて、デフレだけは回避しようと努めてきました。このため、戦後の先進資本主義諸国は、インフレにはなったことはあっても、デフレになることはありませんでした。

ところが戦後、唯一、**日本だけが、1998年にデフレに陥り、しかもそれから20年以上も、デフレから抜け出すことができなくなりました。**つまり、日本の資本主義は、20年以上も、心肺停止状態に陥っていたわけです。

日本では、過去20年以上にわたって、金利は超低水準が続き、ほとんどゼロになりましたが、それでも銀行は貸出し先を見つけられないでいます。それを、日本の銀行の経営センスが乏《とぼ》しいせいにする人がいます。しかし、そうではなくて、デフレで企業の需要がないのだから、貸出しなど不可能なのです。

また、過去20年以上にわたって、日本企業は、内部留保（貯蓄）ばかり積み上げて、大きな事業や革新的な事業をしようとはしてきませんでした。それを、日本の企業のチャレンジ精神不足のせいにする人が後を絶ちません。しかし、そうではなくて、デフレで貨幣価値が上がっている以上、内部留保を貯め込むほうが経済合理的なのだから、仕方がないのです。

そして、過去20年以上にわたって、日本の賃金水準は停滞・下落し続けてきました。それを、たとえば、労働者のＩＴスキルの低さや雇用の流動性の低さのせいにするのが流行《はや》っています。しかし、そうではなくて、デフレで企業が貨幣を支出できないのだから、労働者の給料が上がるはずがないのです。

日本経済がなぜ成長しなくなったのか。

もう説明するまでもないでしょう。

日本経済は、デフレを放置したために、資本主義の仕組みが機能しなくなってしまったのです。

では、デフレを脱却するには、どうしたらいいのでしょうか。

また、２０２２年あたりから物価が上がって、デフレというよりはインフレになっていますが、これで資本主義の機能は復活し、日本経済は成長し始めるのでしょうか。

これらの質問については、後ほど、答えていきます。

その前に、次の章では、いよいよ本題である政府の財源について、議論していきます。

第三章
資本主義と国家財政

貨幣循環（民間部門）

前章では、資本主義経済における貨幣循環について解説しました。おさらいしましょう。

貨幣循環の過程では、はじめに企業の資金需要があります。次に、民間銀行がその需要に応じて貸出しを行なう、つまり「無から」貨幣を創造して供給します。

そして、企業は、借り入れた預金（貨幣）を支出して、経済の中に供給します。貨幣は、経済の中を巡っていきます。

そして、企業は、収入を得ることで貨幣を回収し、銀行に対する債務を返済します。これにより、貨幣は破壊され、消滅します。

この一連の貨幣循環の過程（55ページの図3）から、次の4つが確認できました。

①支出が先、収入が後

企業は、支出にあたって、必ずしも収入（＝財源）を必要としない。

企業は、先に貨幣の支出を行ない、その後で、収入を得ている。「支出が先、収入が後」

である。

②企業の財源＝企業の需要

民間銀行は、返済能力のある企業に対しては、その資金需要に応じて、いつでも、いくらでも、貸出しを行ない、資金を供給することができる。

言い換えれば、民間銀行が貸出しによって創造する貨幣は、究極的には、企業の資金需要から生まれる。

したがって、企業の財源は、企業の「収入」ではなく、企業の「需要」である。

③企業の収入と返済が、貨幣を破壊する

企業の貸出しによって貨幣は「無から」創造され、企業の支出によって貨幣は、経済の中に供給される。

そして、企業が収入を得ると、貨幣は経済の中から回収される。企業が回収した貨幣をもって銀行に債務の返済を行なうと、貨幣は破壊され、消滅する。

④すべての企業が完済してしまうと、貨幣がこの世から消えてしまう

「貨幣は、負債の特殊な形式」であり、返済は貨幣を破壊することですから、すべての企業が債務を完済すると、経済の中から貨幣（＝負債）が消滅してしまう。

したがって、資本主義経済においては、人々が取引や貯蓄のために貨幣を使用するには、債務を負った企業が常に相当数存在していなければならない。

さて、以上は、資本主義経済における貨幣循環ですが、ここでは、政府部門を考慮に入れていません。それでは、次に、政府部門を入れて、貨幣循環を考えてみましょう。

貨幣循環（政府部門）

政府の貨幣循環は、基本的には、民間部門の貨幣循環と同じです。

ただし、図3（55ページ）中の貸出し先の「企業」を「政府」へ、「民間銀行」を「中央銀行」へと読み換える必要があります。

というのも、民間銀行は、政府に対して貸出しを行なうことはできないからです。政府に貸出しを行なうことができるのは、中央銀行だけです。

図5 貨幣循環（政府部門）

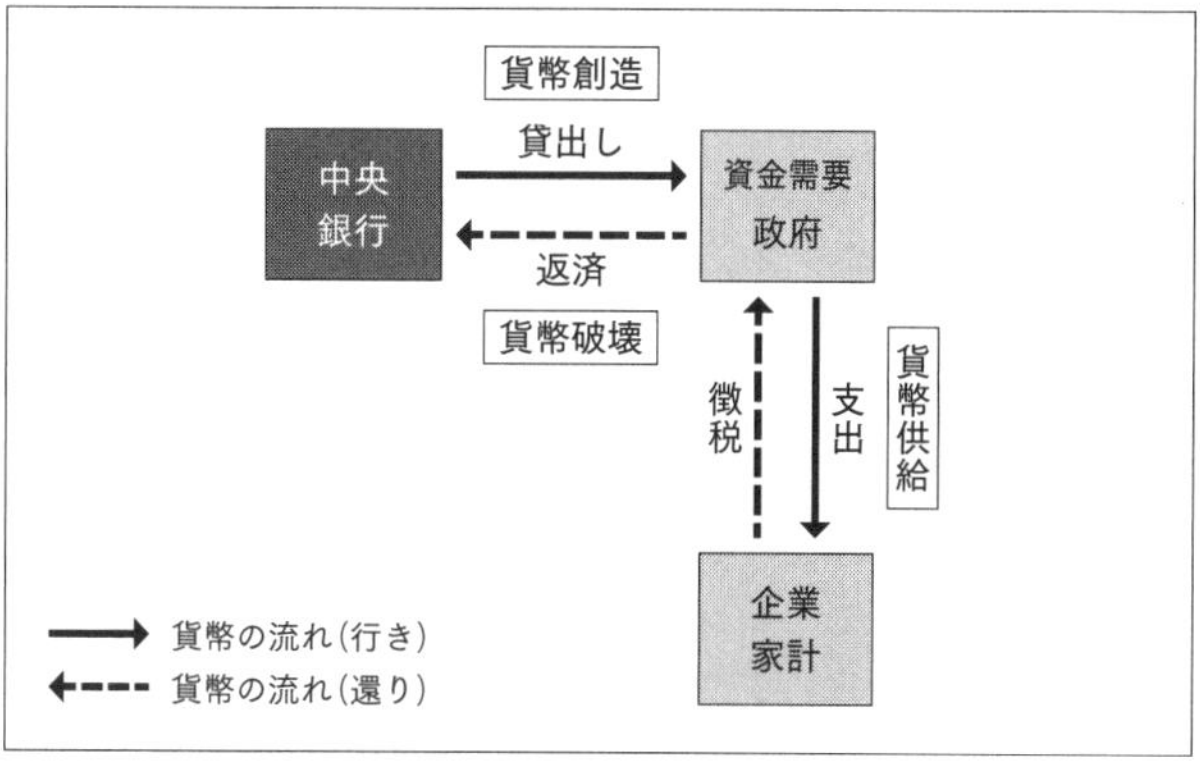

政府部門を考慮した貨幣循環は、図5のようになります。

この貨幣循環の過程では、**中央銀行は、信用創造によって、「無から」貨幣を生み出します。中央銀行の貸出し（＝貨幣の創造）に必要なのは、借り手である政府の資金需要**だけです。

すなわち、貨幣循環の出発点は、政府の資金需要だということになります。

政府には、たとえば、公共事業を行ないたいので資金が欲しいという公共需要があります。

その政府の公共需要に対して、中央銀行が貸出しを行なうことで、貨幣が創造され、政府は資金を手に入れます。

そして、政府は公共事業を行なうために支出します。たとえば、橋や道路を建設するために、建設会社に対して公共事業費を支出します。建設会社は、政府から得た資金を用いて、橋や道路を建設する資材を購入したり、原材料を仕入れたり、あるいは従業員に給料を支払います。

こうして、政府が**民間部門に対して支出を行なうことで、貨幣は民間部門へと供給**されます。そして、貨幣を得た企業やその従業員もまた支出を行なうことで、貨幣は経済の中を循環するというわけです。

これが図5の実線の矢印、つまり貨幣循環の行きの流れです。

もちろん、政府部門を入れた貨幣循環の過程でも、民間部門の貨幣循環と同じように、貨幣が戻ってくる流れもあります。

民間部門の貨幣循環では、企業は、事業を行なうことで収入を得て、貨幣を獲得し、それを民間銀行への債務の返済に充てました。その結果、貨幣が破壊され、消滅して、貨幣循環が完結しました。

これに対して、政府は、強制的に税を徴収することで貨幣を還流させ、それを中央銀行への債務の返済に充てます。つまり、**政府が徴税して債務を返済すると、貨幣が破壊さ**

図6　政府部門の貨幣循環

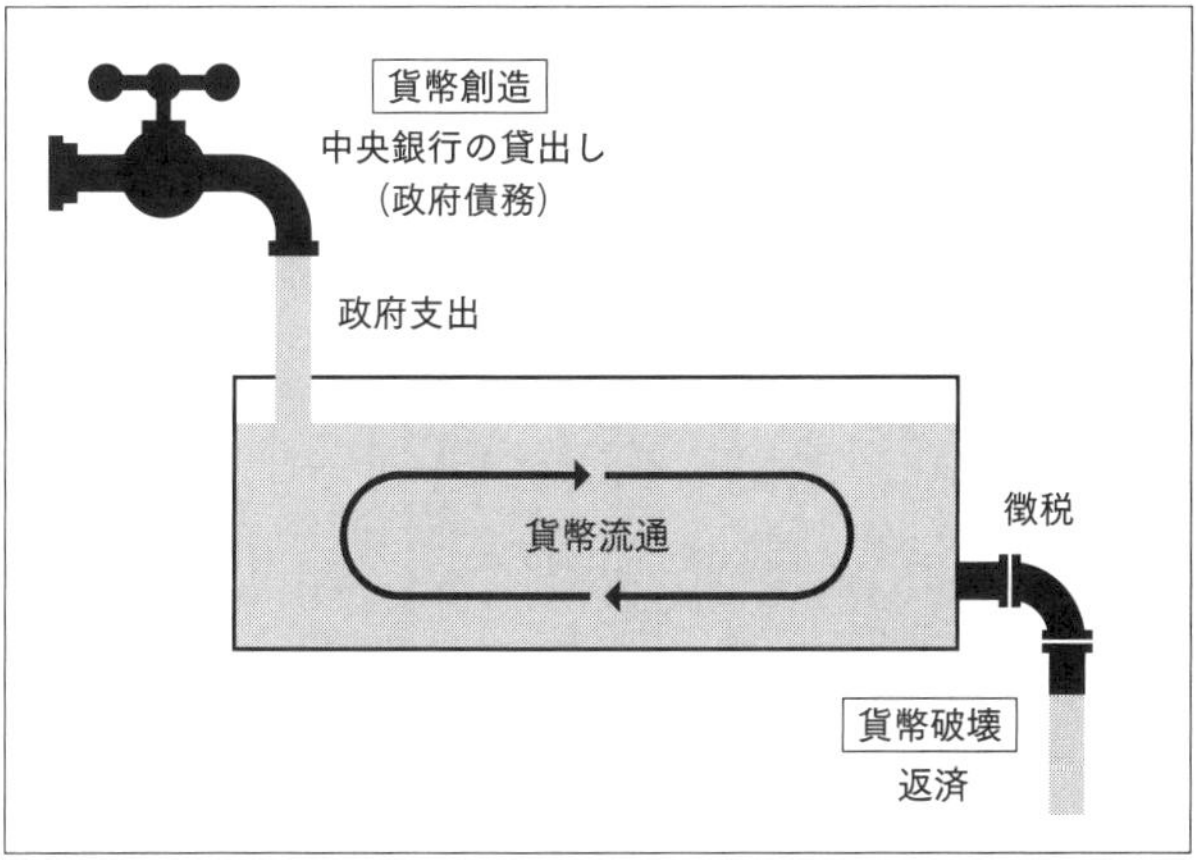

れ、消滅するということです。

デフレ悪化は資本主義の崩壊を招く

政府部門の貨幣循環についても、わかりやすい絵で表現すると、図6になります。

蛇口から水槽へと流れる水は、政府が債務を負うこと（貨幣創造）で支出した貨幣を意味しており、水槽につけられた排水管は徴税を意味し、排水管から水槽の外へ流れる水は、政府債務の償還（貨幣破壊）を表現しています。水槽は、国の経済全体です。

水槽（国の経済）の中に水（貨幣）が貯まって流れているためには、蛇口から流れる水（債務）のほうが、排水管から排出される水（返済）よりも多くなければならない、つまり財政赤字でなければならないことがイメージできると思います。

以上が、政府部門を考慮に入れた貨幣循環の過程になりますが、ここから、いくつか重要なことが確認できます。

①政府支出が先、税収が後

図5（71ページ）の実線の矢印からわかるように、**政府は、支出にあたって、税収を必要としていません。政府の財政支出が先にあって、徴税はその後**（図5の点線の矢印）に行なわれています。

企業も「支出が先、収入が後」でしたが、政府も同じなのです。

②政府の財源＝中央銀行による貨幣創造

これが重要なのですが、政府の公共需要さえあれば、中央銀行はいつでも貸出し（貨幣創造）を行なうことができます。この点も、民間部門の貨幣循環における企業と同じです。

政府支出の財源とは、支出に使う「貨幣」のことでしょう。その貨幣は中央銀行が創造するのです。

③税は、政府支出の財源確保の手段ではない

いよいよ、財源問題の核心に迫ってきました。

一般に、政府が税金を徴収するのは、政府支出の財源に充てるためだと信じられています。しかし、図5を見てください。

②で述べたように、貨幣を創造し、それを政府に供給しているのは、中央銀行です。政府支出の財源は、中央銀行による貸出しです。税収ではありません。

しかも①で述べたように、政府は、貨幣を支出した後で、徴税を行なっています。したがって、政府支出の財源が税収であるはずもないのです。

考えてみてください。

政府が徴税によって国民から取り上げるのは、貨幣です。

しかし、政府には中央銀行という特殊な機関があって、その中央銀行が、政府の需要に応じて、新たに貨幣を創造し、供給してくれるのです。それなのに、どうして、政府はその貨幣を国民から徴収しなければならないのでしょうか。

むしろ、政府は、財政支出によって貨幣を供給したから、国民は貨幣を保有できるのであり、政府は徴税を行なうことができるのです。

④政府の財源（＝中央銀行による貨幣創造）＝政府の需要

民間銀行が貸出し（貨幣の創造）を行なうには、企業の需要がなければなりませんでした。ですから、「企業の財源」＝「企業の需要」だと言ったわけです。

これは、政府部門も同じです。

中央銀行が貸出し（貨幣の創造）を行なうには、政府の公共需要がなければなりません。政府の需要が中央銀行を通じて貨幣を創造し、その貨幣が政府の事業の財源となるわけです。

したがって、**「政府の財源」＝「政府の需要」**だということになるのです。

「政府の財源」は「政府の需要」だと言われて奇異に感じるとしたら、それは、資本主義における信用創造機能の仕組みを理解していないからにすぎません。

⑤政府の徴税と返済が、貨幣を消滅する＝財政健全化とは、貨幣の破壊である

企業が収入を得ると、貨幣は経済の中から回収され、企業が回収した貨幣をもって銀行に債務の返済を行なうと、貨幣は破壊され、消滅します。

これと同じように、政府が徴税を行なって税収を得ると、貨幣は民間経済の中から引き上げられます。つまり、その分、民間経済は貨幣を失って貧しくなります。

そして、徴税によって回収された貨幣が、中央銀行への政府債務の返済に充てられると、貨幣は破壊され、消滅します。

だとすると、**税とは、政府支出の財源を確保するための手段ではなく、その反対に、政府支出の財源（貨幣）を消滅させるための手段**だということになります。

別の言い方をすると、財政支出を抑制し、税収を増やし、政府債務を減らすことは、「財政健全化」と言われていますが、この**財政健全化によって、貨幣は破壊されていくの**です。

⑥すべての企業と政府が債務を完済すると、この世から貨幣が消えてしまう

返済は貨幣の破壊を意味するので、**すべての企業と政府が債務を完済すると、すべての**

図7　不況下における政府の歳出抑制・増税

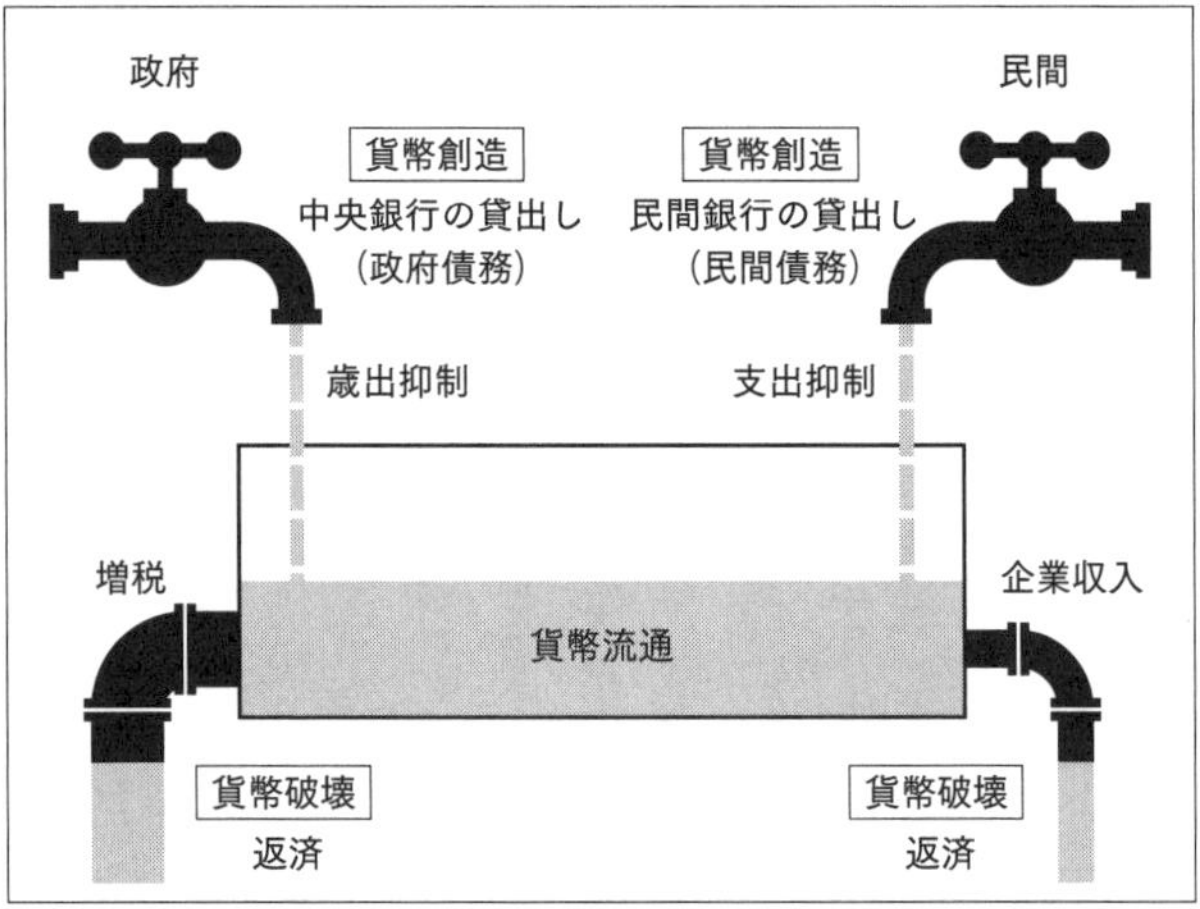

貨幣が破壊されてしまいます。

そして、前章で述べたように、デフレになると、銀行は貸出し（貨幣の創造）ができず、企業は返済（貨幣の破壊）に走らざるを得ないので、貨幣がこの世から消えていってしまうおそれがあります。

そういうデフレの時に、政府までもが財政支出を抑制し、政府債務の削減に努めたら、つまり財政健全化を推し進めたら、どうなるでしょうか。言うまでもなく、貨幣がさらに消えて、デフレが悪化します。最終的には、貨幣がこの世から消滅し、資本主義は崩壊することでしょう。

これを絵で表現したのが、図7です。デフレ不況で民間部門の蛇口から水が出ていない

図8　不況下における政府の歳出拡大・減税

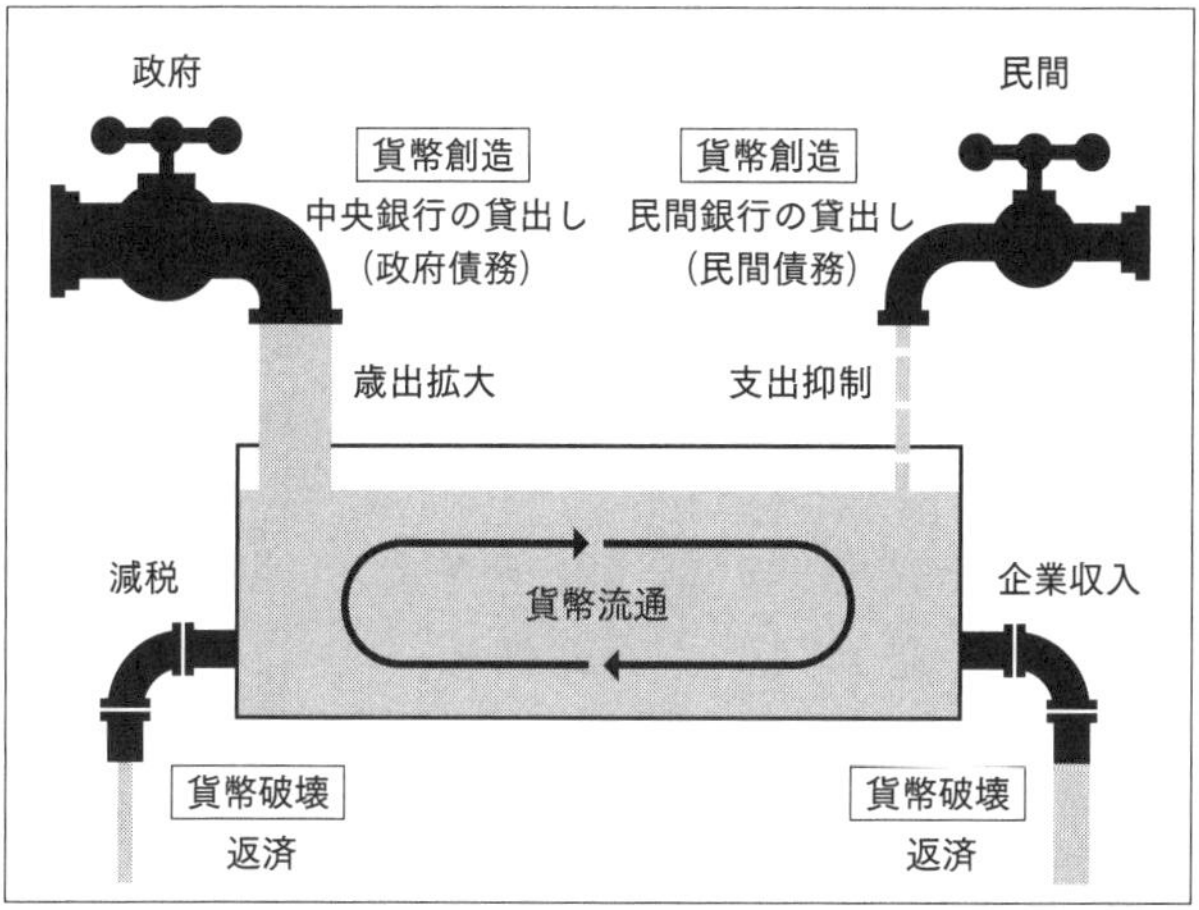

時に、政府部門までもが蛇口を閉めて水の流入量を減らしたり（歳出抑制）、排水量を増やしたり（増税）したら、水槽の水が減っていくばかりになるでしょう。

したがって、**デフレの時に、財政赤字が拡大し、政府債務が増大するのは、何ら悪いことではありません。むしろ、良いことです。**つまり、図8のように、政府支出という蛇口を大きくゆるめて、水槽の水の量を増やしていくのです。そうでなければ、貨幣が消えていってしまい、恐慌（大デフレ不況）になってしまうからです。

財政赤字というと、悪いことのように言わ

れますが、**政府が債務を負って支出を増やすことは、単に、貨幣を創造し、供給しているにすぎません。「財政赤字を減らすべし」と主張するのは、「貨幣を破壊すべし」と言っているだけのことです。**

要するに、**資本主義の仕組みを理解していないから、財政赤字は減らすべきものだという誤解をしてしまう**のです。

これに対して、「財政支出を増やすのではなく、成長戦略によって企業の収入を増やせば、税収も増えるので、財源は確保できる」と主張する論者がよくいます。そういう論者の発想を、先ほどの水槽の絵で示すと、図9のようになるかと思います。この図のように、排水した水を水槽に戻したところで水槽の水の量は増えないのと同じで、政府の税収や企業の収入が増えたところで、貨幣の総量は増えません。それどころか、政府も企業が債務の返済を進めれば、貨幣の量は減っていってしまいます。

政府や企業が信用創造を通じて債務を増やさなければ、貨幣の量は増えません。「成長戦略によって企業の収入を増やせ」と主張する論者は、そもそも、企業に入ってくる貨幣がどこからどうやって生まれたのかについて、つまり信用創造について、考えが及んでい

図9 「財源」を巡る一般的な誤解

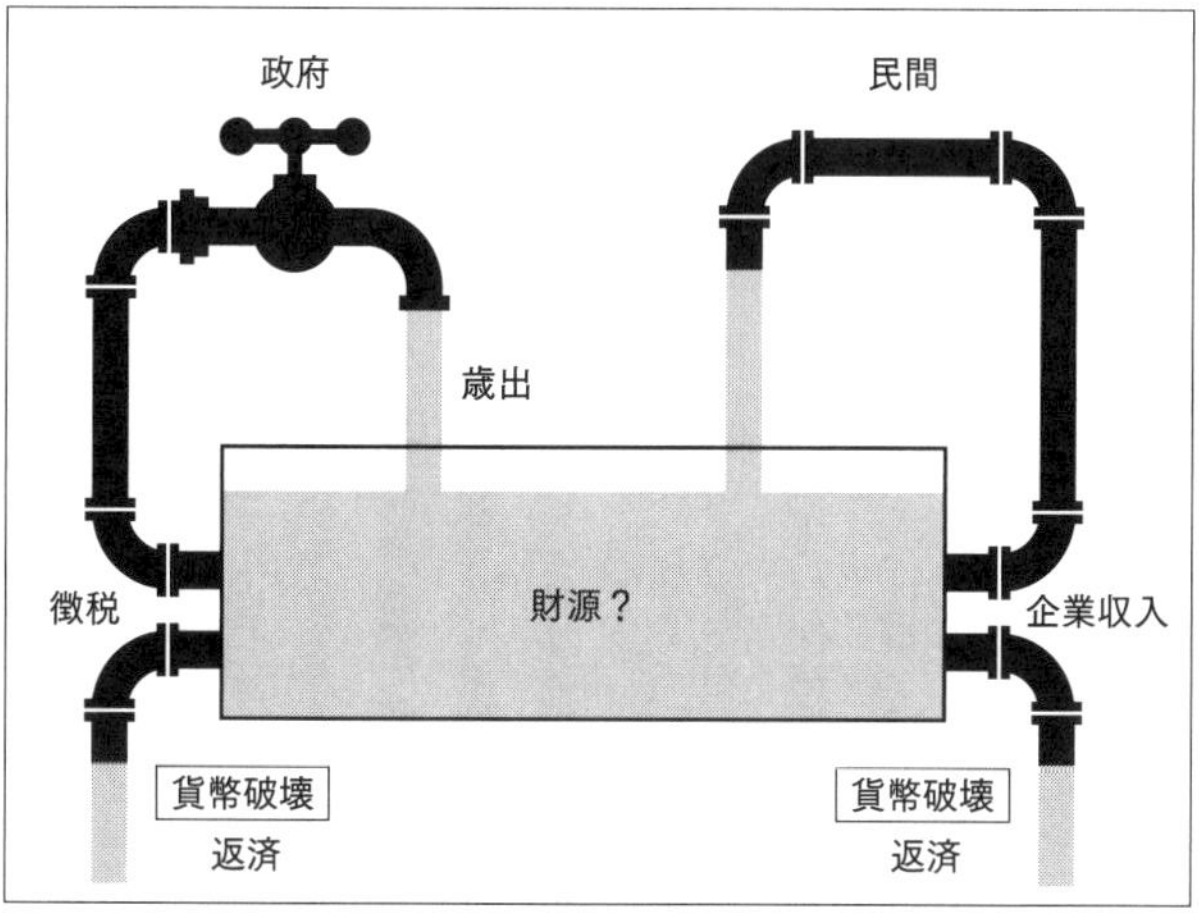

ないのです。

デフレ下で企業が債務を増やせないでいる中で、政府が債務を増やして歳出を拡大しなければ、いくら成長戦略によって企業の収入を増やしても、経済は成長しないのです。

政府には、返済能力の制約はない

企業も政府も、資本主義の信用創造機能のおかげで、現時点の所得よりも大きな額の支出を行なうことができます。そして、「支出が先、収入が後」という順序になります。

企業も政府も、その資金需要に応じて、銀行（政府の場合は中央銀行）が貨幣を創造して貸し出してくれるので、「財源＝需要」とみなすことができます。

そして、収入と債務の返済によって、貨幣は破壊されます。

したがって、**貨幣が経済の中を流通するためには、民間部門と政府部門は債務を負って支出をしていなければなりません。**

赤字は、資本主義経済にとって必要なものなのです。


ただし、企業と政府には、ひとつ重要な違いがあります。

民間銀行の貸出しは、資金の制約を受けませんが、貸出し先である企業の返済能力の制約を受けます。企業が、将来、事業に成功して、返済に十分なだけの収入を得られるかどうかが、貸出し先や貸出しの規模を決める上で重要になります。だから民間銀行は、貸出しにあたっては、厳格な与信審査を行なっているわけです。

これに対して、中央銀行の政府に対する貸出しは、政府の返済能力の制約を考慮せずに行なわれています。中央銀行は、政府に対して与信審査を行ない、審査の結果次第では、貸出しをしないなどということは、ありません。

というのも、**政府には、確実に返済能力がある**からです。

企業の場合、将来の収入は、事業の成功にかかっているので、必ずしも確実とは言えません。これに対して、**政府は、徴税権力を有しており、強制的に税金を徴収します。**だから、政府には、確実な返済能力があるのです。

もちろん、政府は、すべての政府債務を完済したければできるほど、強大な徴税権力を有しているわけではありません。日本の財務省は、財政赤字を削減するために増税を行ないたがっているようですが、国民は重い税負担を嫌がるので、民主政治の下では、増税は容易ではないというのは、事実です。

しかし、そもそも、政府債務は絶対に減らさなければならないというものではありません。むしろ、これまで説明したように、政府債務はあって当然であるし、特に民間債務（＝貨幣）が減っていくデフレの時は、政府債務（＝貨幣）は増えたほうがよいのです。

政府債務は完済せずとも可

しかも、政府債務を返済するのに、徴税に依《よ》らなければならないということもありません。

たとえば、国債の償還期限が来たら、新規に国債を発行して、それで同額の国債の償還を行なう**「借り換え」**をすればいいのです。

実際、ほとんどの先進国において、国家予算に計上する国債費は利払費のみで、償還費を含めていません(日本政府は、なぜか償還費も計上していますが)。政府債務は、完済しなければならないようなものではないからです。

国債の償還を、税金で賄うか、借り換えで行なうかは、次章で改めて解説しますが、それが経済に与える影響次第で判断すればよいのです。

たとえば、国債の償還のために増税を行なったら、経済に悪影響が及ぶというなら、借り換えを行なえばいい。ただ、それだけの話です。国債の償還は、必ず税金によって行なうべしなどということは、ないのです。

国債を増発しても、その償還のために増税する必要がないのだとしたら、国債の増発は「将来世代の負担」を増やすことだとは言えなくなります。

したがって、**政府が債務を増やすことは、将来世代にツケを回すことだというのは、完全な誤解です**。政府債務を増やして財政支出をするということは、単に通貨供給量を増やすということにすぎません。

そもそも、税を徴収して、政府債務を返済すると言ったところで、税によって国民から何が徴収されるのかと言えば、それは通貨でしょう。

では、その通貨はどこから来たのでしょうか。それは、大元をたどれば、政府の需要に応じて、中央銀行が貸出しを行なうことで生まれてきたわけです。

要するに、政府は中央銀行との共同作業によって、通貨を創造し、国民に供給することができるのです。**通貨を創造できる政府が、その通貨建ての債務を返済するのに、その通貨を国民から徴収しなければならない理由はありません。**

貨幣を創造し、徴税権力を有する日本政府は破綻しない

以上をまとめると、こうなります。

中央銀行の政府に対する貸出しは、民間銀行の企業に対する貸出しと同様に、資金の制約を受けません。

しかし、中央銀行の政府に対する貸出しは、民間銀行の貸出しとは違って、政府の返済能力という制約を受けることもありません。徴税権力を有する政府は、確実な返済能力があるからです。

このように、貨幣を創造し、徴税権力を有する政府は、債務を返済できなくなって破綻するということはありません。

そして、日本政府は、もちろん、貨幣（円）を創造し、徴税権力もある政府です。したがって、日本の財政が破綻する（債務不履行に陥る）ことは、ありません。

現代貨幣理論（ＭＭＴ）

さて、これまでは、もっぱら貨幣循環理論にもとづいて、政府の財源について議論してきました。

ところで、財源を巡る異色の学説として、最近、大きな話題となったのは、**「現代貨幣理論（Modern Monetary Theory）」**、通称「ＭＭＴ」でしょう。

ＭＭＴについては、すでにいくつか解説書が出版されています。特にお薦めしたいのは、次の著作ですので、ＭＭＴに関心のある方は、これらを参照されるとよいでしょう。

『ＭＭＴとは何か──日本を救う反緊縮理論』（島倉原／角川新書）
『ＭＭＴが日本を救う』（森永康平／宝島社新書）

『図解入門ビジネス　最新MMT［現代貨幣理論］がよくわかる本』（望月慎／秀和システム）

『財政赤字の神話――MMTと国民のための経済の誕生』（ステファニー・ケルトン著、土方奈美訳／早川書房）

『MMT現代貨幣理論入門』（L・ランダル・レイ著、島倉原監訳、鈴木正徳訳、中野剛志・松尾匡解説／東洋経済新報社）

ちなみに、私の書いた、

『目からウロコが落ちる　奇跡の経済教室【基礎知識編】』（ベストセラーズ）

『全国民が読んだら歴史が変わる　奇跡の経済教室【戦略編】』（ベストセラーズ）

の中でも、MMTについての初歩的な解説をしています。

ここでは、MMTについて詳細な説明は割愛しますが、MMTは貨幣循環理論と多くの共通点を有しており、また、貨幣や税の問題を考える上で非常に重要な理論なので、そうした点をクローズアップしておきたいと思います。

まず、ごく簡単に言うと、MMTは、政府と中央銀行を一体として「統合政府」とみなした上で、財政支出と徴税の流れを説明しています。具体的には、図10のようになります。

この図10を図5（71ページ）と比べれば、MMTは、基本的に貨幣循環理論と同じような説明をしていることがわかります。

MMTは、政府（統合政府）が貨幣を創造したものであることを強調します。そして、やはり「支出が先、徴税が後」だと論じています。

財政赤字は、むしろ正常な状態

また、図10から明らかなように、政府は支出によって貨幣を供給し、徴税によって貨幣を回収しています。したがって、民間部門に貨幣を残し、取引や貯蓄の手段として流通させるためには、「支出（貨幣供給）＞税収（貨幣回収）」でなければなりません。つまり、「財政赤字」ということです。したがって、政府が財政赤字であることは、何ら問題視するようなことではなく、むしろ正常な状態だとMMTは論じています。

さらにMMTは、貨幣と政府の徴税権力の関係について、実に興味深い議論を展開して

図10 現代貨幣理論

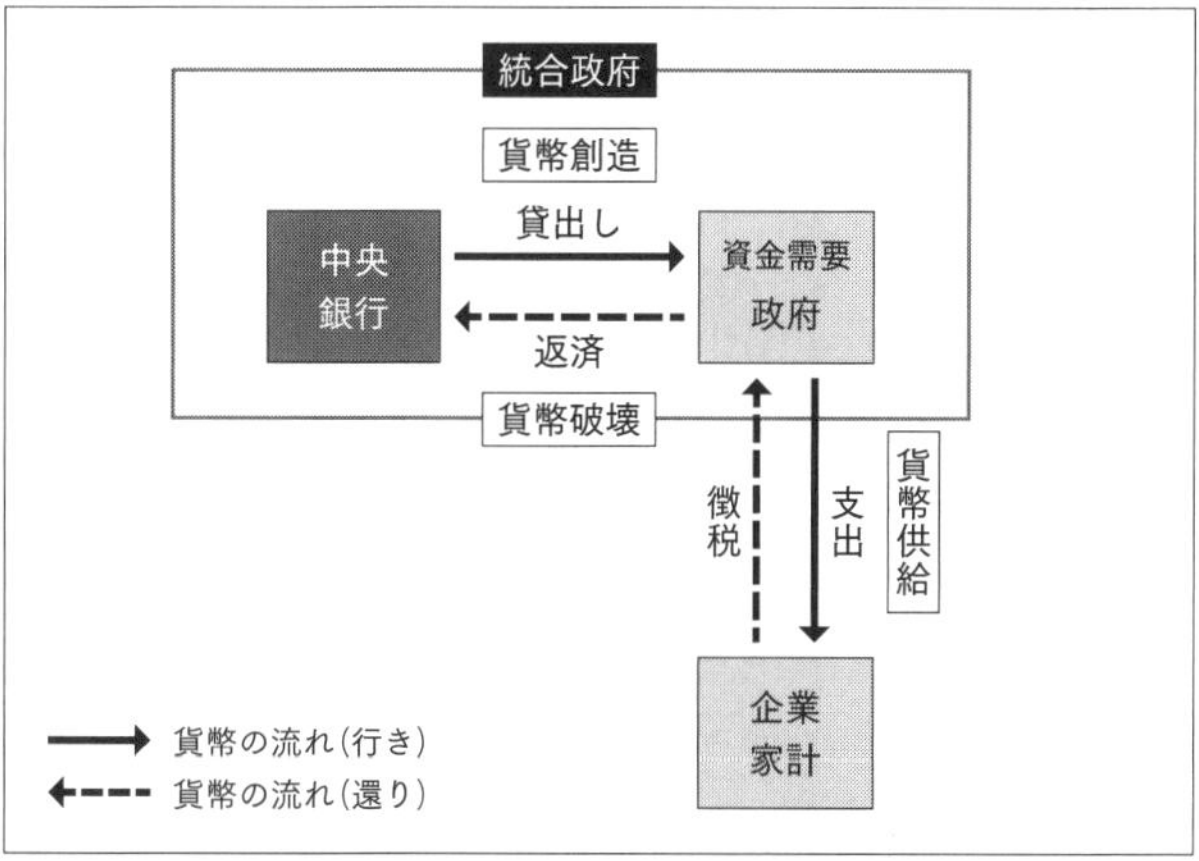

います。

MMTは、**紙幣が単なる紙切れではなく、貨幣として受け入れられ、使われるのは、それが政府によって納税の手段として決められているからだと説明しているのです。**

まず、政府は、国民に対して納税義務を課し、「通貨」を納税手段として法令で決めます。日本であれば円、アメリカであればドル、イギリスであればポンドといったようにです。

そうすると、国民は、政府に通貨を支払うことで、納税義務を履行できるようになります。日本国民であれば、納税するということは、政府に円を支払うことです。

その結果、通貨は、「政府に課せられた納税義務を解消することができる」という価値をもつこととなります。その価値ゆえに、通貨は国民に受け入れられ、さらには財・サービスの取引や貯蓄など、納税以外の目的においても広く使用されることとなるというわけです。

このMMTと貨幣循環理論のいずれの説明がより妥当なのかは、専門的な議論が別途必要であり、本書では論じません。

しかし、両方とも、**税は貨幣を成立させる上で必要ではあるが、政府支出の財源を確保する手段ではない**とする点において、共通しています。

政府支出の財源、すなわち貨幣は、政府（と中央銀行）が創造できるのです。

したがって、政府の支出が、資金や予算の制約を受けるということは、あり得ないのです。

第四章

資本主義における経済政策

実物資源の制約

前章の議論を振り返ってみましょう。

資本主義という、信用創造機能を有する経済システムにおいて、政府は、中央銀行を通じて貨幣を創造することができます。中央銀行は、政府の需要に応じて、いくらでも貸出しを行なうことができるのです。**政府の支出に、予算的・資金的な制約は、ありません。**「カネならいくらでもある」のです。

したがって、政府は、何か事業を実行したい時には、そのための支出を所得の範囲内に限る必要もないですし、民間から資金を集めてくる必要も一切ありません。

政府は、中央銀行からの借入れで貨幣を入手し、その貨幣を使って民間企業から必要なモノを調達したり、必要なサービスを受けたり、あるいは労働者を雇ったりすればよいのです。

政府支出に必要な貨幣を生み出すのは、貸出しを通じて「無から」貨幣を創造する中央銀行の信用創造機能であり、中央銀行の貸出しは、政府の需要を必要とします。

したがって、政府支出に必要な貨幣を生み出す源《みなもと》、すなわち「財源」とは、政府の需要です。防衛費について言えば、**防衛需要こそが防衛費の財源**なのです！

税は、財政支出の財源を確保するための手段ではありません。

徴税は、政府の支出の後に行なわれます。徴税によって回収した貨幣は、政府債務の返済に回され、返済によって、貨幣は破壊されます。

したがって、税は、政府支出の財源（貨幣）を確保するどころか、それを破壊する手段なのです。

そうだとすると、「防衛費を増額するためには、財源確保のために、増税が必要だ」という、まことしやかに語られている議論は、資本主義の仕組みをまったく無視した空論・暴論の類《たぐい》だということになるでしょう。

政府支出には、予算的・資金的な制約は、一切ありません。

このように言うと、「バカバカしい。だとしたら、政府は、無限に財政支出を拡大することができるのか」という批判が必ず出てきます。

もちろん、政府の財政支出は、無限に行なうことはできません。

しかし、政府が資金的な制約に縛《しば》られていないのは、事実なのです。

だとしたら、何が、政府の財政支出を制約しているのでしょうか。

言い換えれば、政府は、どこまで財政支出を拡大できるのでしょうか。

財政支出は、ヒトやモノなどの実物資源には制約される

結論を急げば、**政府の財政支出を制約しているのは、ヒトやモノといった実物資源の利用可能量**ということになります。

つまり、こういうことです。

政府は、貨幣を支出して、ヒトやモノを動員します。

たとえば、道路や橋が必要な場合には、政府は、建設会社に対して支出をして、道路や橋を建設してもらいます。こうして、建設労働者というヒト、あるいはコンクリートや鉄筋といった資材、つまりモノが、道路や橋の建設のために動員されることになります。

しかし、建設労働者の数には、限界があります。コンクリートや鉄筋の量にも限界があります。

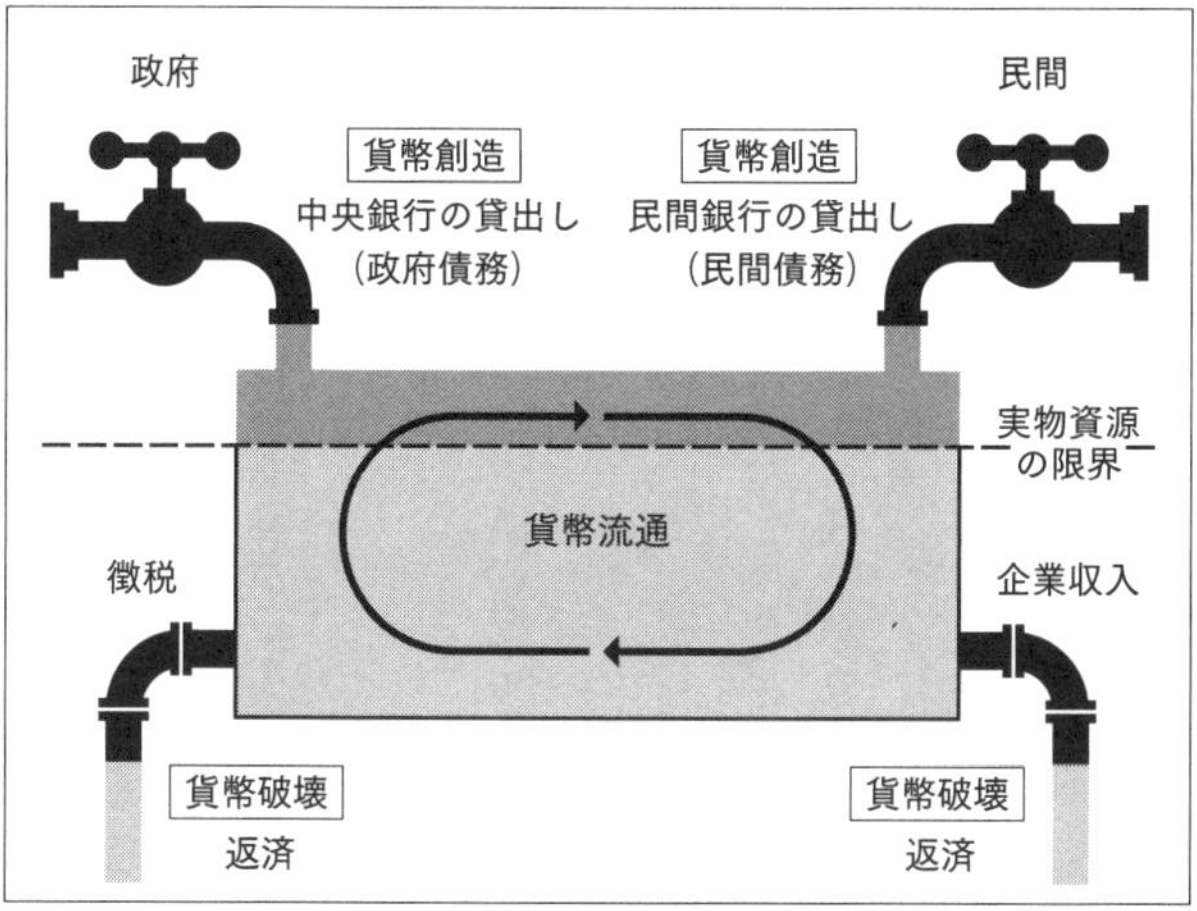

図11 財政支出の制約

このため、道路や橋をあまりに多く造ろうとすると、建設労働者や建設資材が供給不足になってしまい、建設が不可能になります。

つまり、政府は、カネなら無限に作り出せるのですが、そのカネを使って動かせるヒトやモノの量には限界があるのです。カネは信用創造機能によって「無から」生み出せますが、ヒトやモノは、「無から」は生み出せません。

したがって、**政府の財政支出の規模は、カネには制約されませんが、ヒトやモノといった実物資源には制約される**ことになります。

このことを例の水槽の絵で表現すると、図11のようになります。水槽の大きさが実物資源の制約を意味しています。蛇口から水を流し入れすぎると、いずれ水は水槽からあふれ出してしまいます。

というわけで、**政府の財政支出が無限に行なえないのは、資金の制約があるからではなく、実物資源の制約があるから**なのです。

資本主義以前の社会

資本主義という、信用創造機能が内蔵されている経済システムの下では、政府は中央銀行と協業して、自ら貨幣を創造し、支出することができます。ですから、政府は、税収よりも多く支出することができるし、そもそも税収を得るよりも先に支出しています。

というわけで、政府は、防衛費を支出するための財源を確保したければ、自ら貨幣を創造すればよいわけです。政府が自ら貨幣を創造するということは、中央銀行から借り入れて政府債務を負うということです。

しかし、もし、政府が自ら貨幣を創造できないとしたら、どうやって防衛費の財源を確保することになるのでしょうか。

言わば、政府が、資本主義以前の中世における封建領主のようなものだったら、領地を守るための費用の財源をどこから調達すればよいのでしょうか。

おそらく、封建領主は、自ら貨幣を創造して支出することができないので、領民から武器を徴発したり、徴兵したりするしかないでしょう。あるいは、貨幣を使って、領民から武器を買うとしても、その貨幣を自ら創造できないので、どこからか調達してこなければなりません。たとえば、領民が（どこからか手に入れて）持っている貨幣を徴税によって召し上げるのです。

資本主義における近代政府は、自分で財源（貨幣）を生み出すことができますが、中世の封建領主は、自分で財源（貨幣）を生み出せないので、自分以外のところから、財源を確保してくるしかないのです。

この近代政府と封建領主の財政の違いについて、図示すると、98ページの図12の①（近代政府）と②（封建領主）のようになります。

図12 近代政府モデルと封建領主モデル

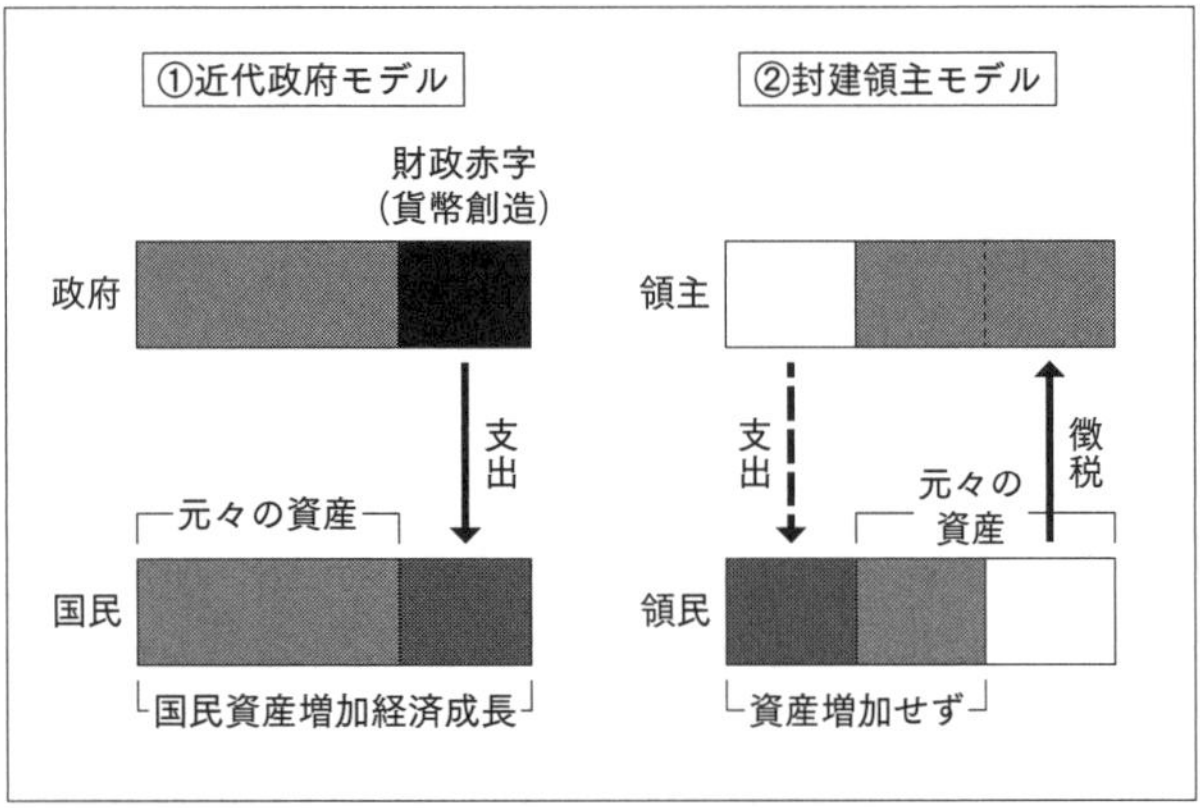

近代政府(①)は、中央銀行からの借入れによって貨幣を創造し、それを支出して、公共事業を行ないます。

この時、国民は、政府の支出によって、新たに創造された貨幣を入手するわけです。

つまり、政府が債務を増やすことによって、国民は資産を増やしているわけです。資産が増えた分だけ、国民経済は豊かになっています。つまり、経済成長したというわけです。

これに対して、封建領主(②)が公共事業を行なう場合は、自ら貨幣を創造できないので、領民から貨幣を強制的に没収(徴税)して、公共事業の財源を確保しなければなりません。この時、領民は徴税された分だけ、貨幣(資産)を失っています。

そして、封建領主は、徴税により領民から奪った貨幣を財源とし、これを支出して公共事業を行なうので、公共事業に従事する領民は、貨幣を手に入れます。しかし、領民経済全体で見れば、奪った貨幣を戻しているだけなので、経済全体の資産はまったく増えていません。つまり、経済成長していないのです。

それどころか、もし封建領主が、徴税により領民から奪ってきた貨幣を支出せずに貯め込んだとしたら、領民経済はその分資産が減って、貧しくなっているでしょう。


ちなみに、封建領主が良心的で、領民に対して増税をせずに財源を捻出しようとして、倹約したとしましょう。今日で言う「歳出改革」です。

この場合、領民は貨幣を奪われることはありません。しかし、領主が支出していれば得られたであろう貨幣が、領主の倹約によって、手に入らなくなっています。

したがって、増税によって財源を確保しようが、倹約（歳出改革）によって財源を確保しようが、領民経済は成長しないことには、変わりはありません（100ページの図13）。

図13 封建領主の徴税モデルと倹約モデル

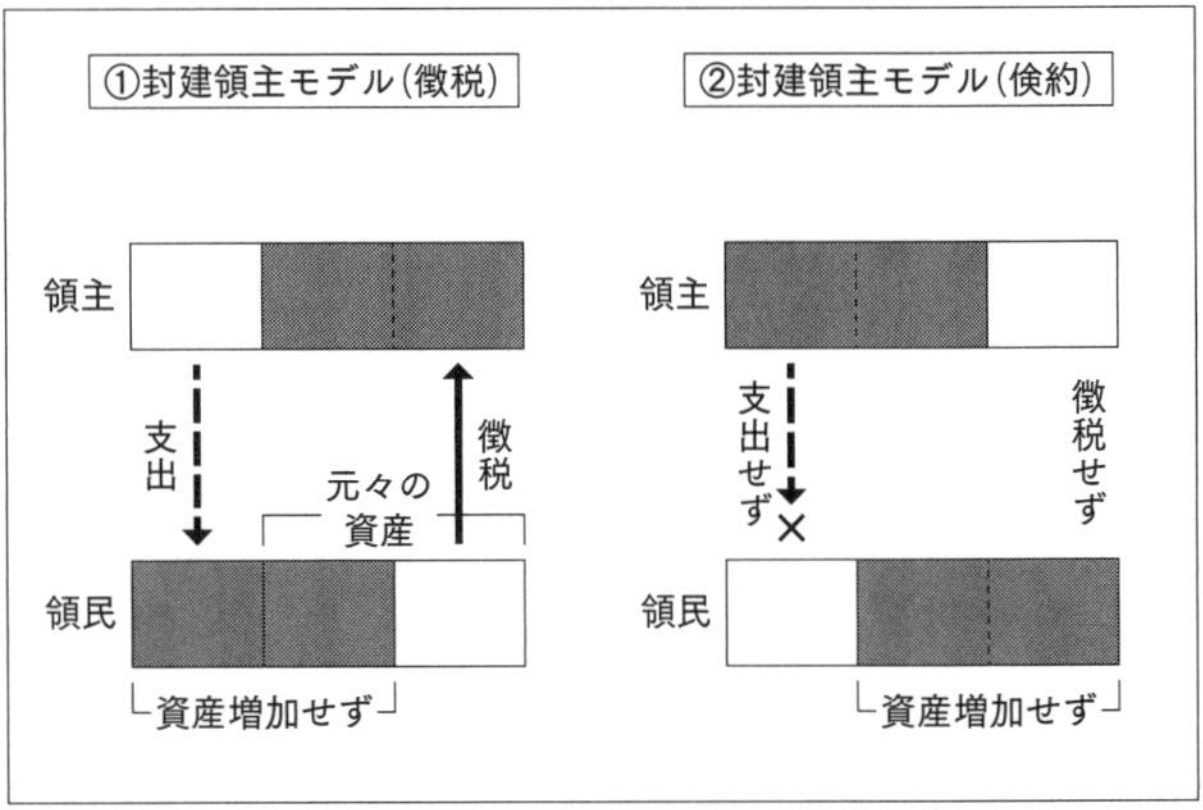

なぜ資本主義経済は成長するのか

今日、資本主義の下では、経済は成長するのが当たり前のように考えられています。

これに対して、資本主義以前の世界では、経済成長という現象は、きわめて稀《まれ》でした。

なぜ資本主義経済は成長し、資本主義以前の経済は成長しないのか。いろいろな理由があるのでしょうが、ひとつの有力な説明は、政府の財政運営にあると言えるでしょう。

図13からも明らかですが、近代政府のように、新たに貨幣を創造して国民の資産を増やすことができれば、経済成長が可能になります。しかし、封建領主のように、領民から資産を奪ったり(増税)、領民に与えていた資産を減らしたりする(倹

約）だけで、増やすことができなければ、経済が成長するはずもありません。

さて、現代日本では、防衛費の拡充に限らず、防災対策費であろうが、教育関連予算であろうが、社会保障費であろうが、政府が何らかの支出を増やそうとすると、「そのためには、財源を確保しなければならない」ということで、増税や歳出改革が議論されます。

たとえば、２０１０年代、消費税率が5％から8％、さらには10％へと引き上げられましたが、この消費増税の理由は、「社会保障財源の確保」だと言われていました。

そして、増税や歳出改革によって財源を確保することが「責任ある政治」であるかのように信じられています。

しかし、もうおわかりでしょう。

増税や歳出改革によって財源を確保するという発想は、資本主義以前の社会における封建領主の発想なのです。

封建領主のような発想にもとづいて、財政を運営していれば、経済が成長するはずもありません。

係（1997〜2017年）

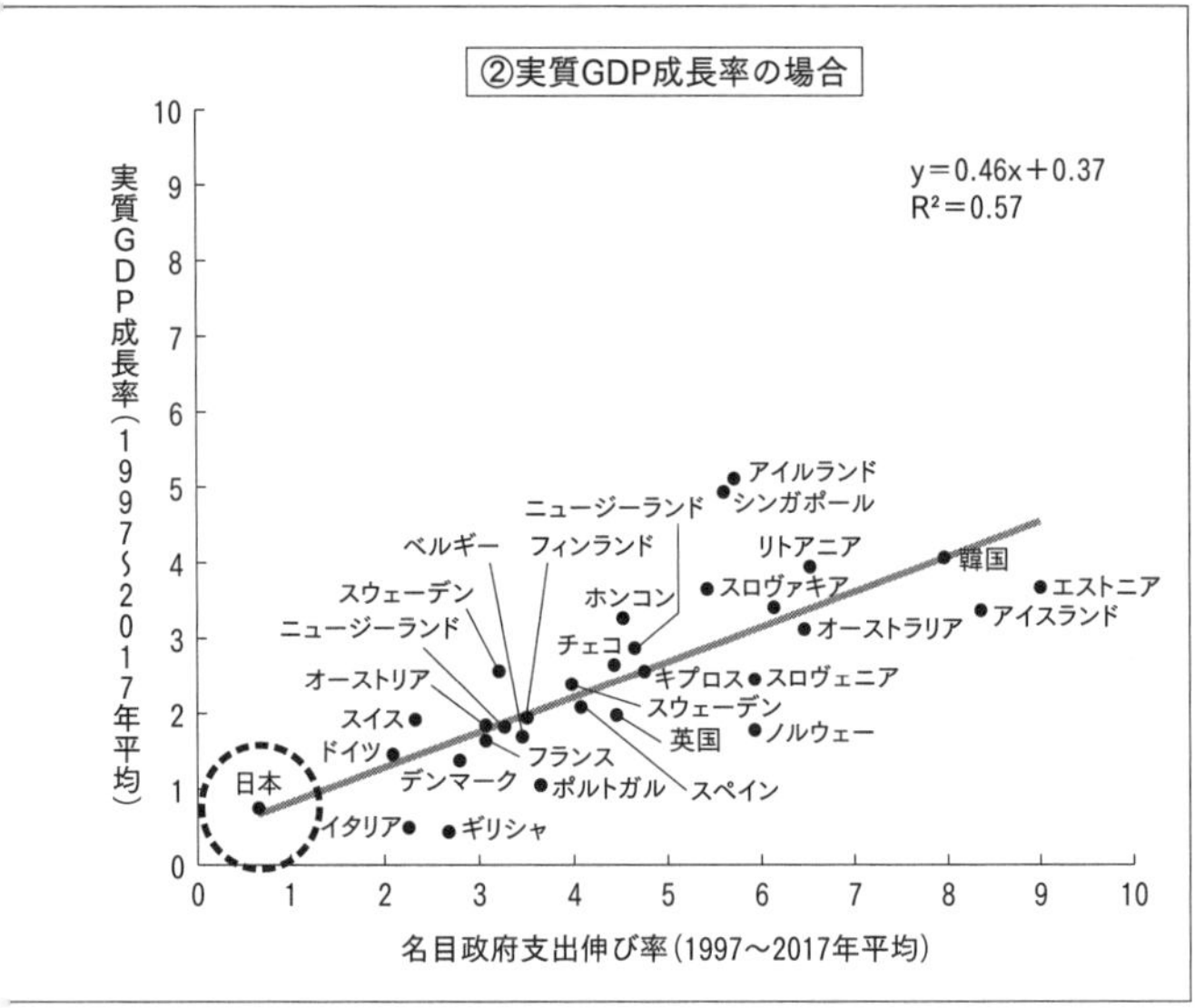

日本経済がどうして30年も停滞して、成長しなくなったのか。もはや言うまでもないでしょう。

それは、**封建主義的な経済財政運営を続けてきたから**にほかなりません。

財政支出と経済成長

資本主義の下では、政府が貨幣を創造して供給する、つまり財政支出を拡大すると、経済が成長する。

逆に、増税や歳出改革によって財源を確保できなければ財政支出は行なわないなどという封建領主

図14 主要31カ国の財政支出の伸び率とGDP成長率の相関関

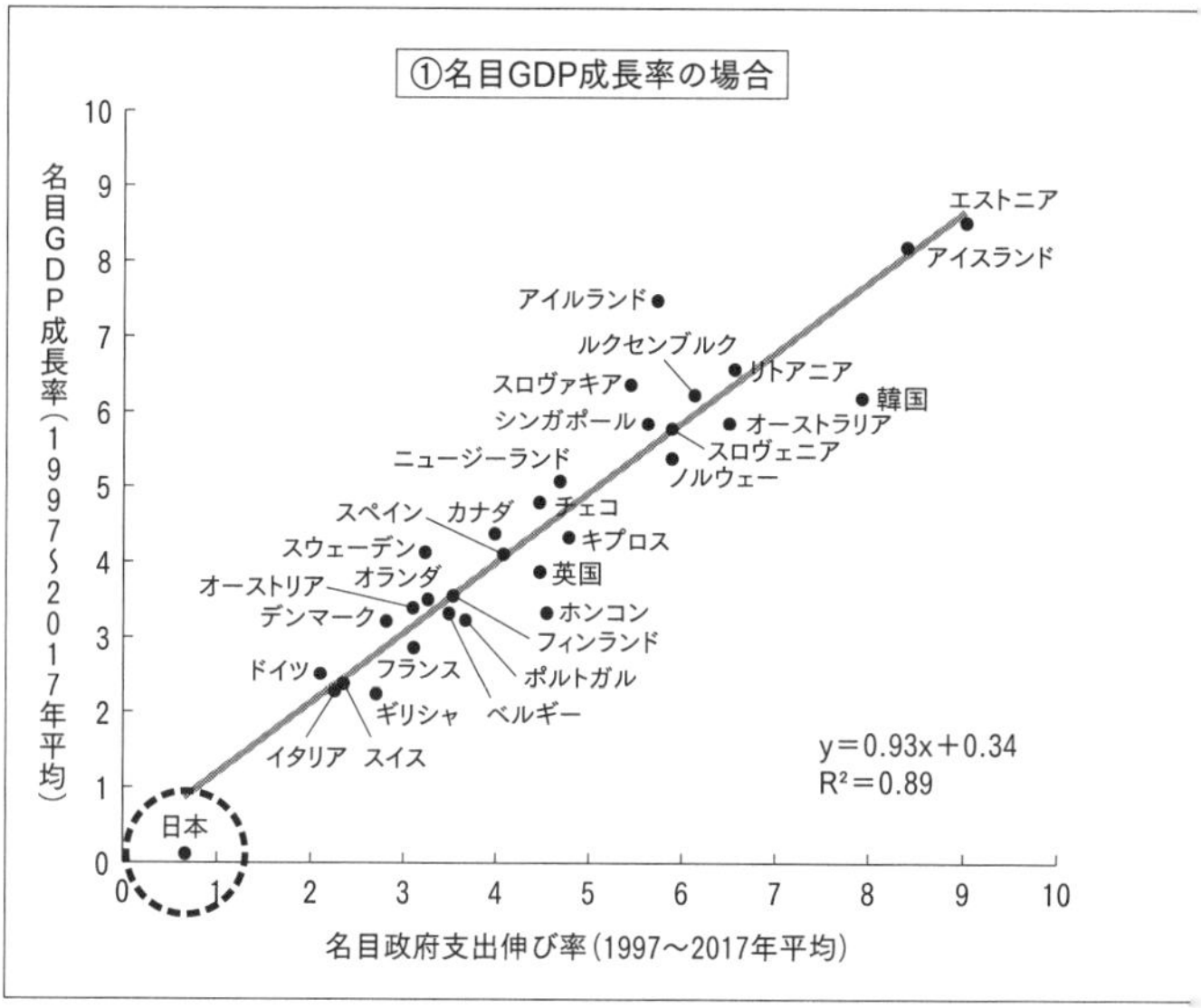

（出典）朴勝俊、シェイブテイル『バランスシートでゼロから分かる財政破綻論の誤り』（青灯社）

のような財政運営をしていると、封建社会のように、経済は成長しない。

これは、本当でしょうか。

念のため、データで確認したのが、図14です。

これは、1997年から2017年の間における主要31カ国の財政支出の伸び率と名目及び実質GDPの成長率の関係を示したものです。

これによると、**財政支出の伸び率は、名目GDPのみならず実質GDPの成長率と強い相関関係を示している**ことがわかります。

しかし、日本では、積極財政が経済を成長させるとどうしても認めたくない論者が少なくありません。そういう人たちは、この不都合な図14を見せられると、必ず「これは、経済が成長したから、財政支出が増えたことを示すものだ」と言い張ります。

しかし、実際の政府は、むしろ**不況で経済成長率が鈍化した時こそ、財政支出を増やしています。**いわゆる「景気対策」です。

たとえば、2008年の世界金融危機（リーマン・ショック）の際、各国は、巨額の財政出動を行ないました。経済成長率が著《いちじる》しく低下したから、財政支出を増やしたわけです。さらに、2020年に新型コロナウイルス感染症のパンデミックが起きて、深刻な不況に陥った際も、各国は財政支出を急激に増やしました。いずれも経済が成長しなかったから財政支出が増やされたのです。

もし、健全財政のほうが経済は成長するのであれば、経済成長率は高いが、財政支出の伸び率は低いという国があってもよさそうなものです。しかし、図14の中に、そのような国は、1カ国もありません。たとえば、健全財政の模範とされるドイツは、確かに財政支出の伸び率は相対的に低いですが、同時に、経済成長率も相対的に低くなっています。

　この図14から、財政支出を伸ばすと経済が成長することを否定するのは、かなり苦しいのではないでしょうか。

日本だけがデフレであり続けた理由

　それでもなお、「日本の財政支出は無駄が多い」とか、「財政出動さえすれば経済は成長するというものではない」とか、「大事なのは、何に支出するかだ」とか、いろいろ言い張る論者が後を絶ちません。

　もちろん、日本に限らず、どの国の財政支出にも無駄なものはあります。経済成長のためには、財政出動以外にもすべきことがあるのも事実でしょう。何に支出するのかも、大いに議論したらよいでしょう。さらに、財政支出の伸び率と経済成長率の因果関係についても、納得のいくまで研究すればよいでしょう。

　しかし、この図14から、少なくとも、**１９９７年から２０１７年の間、日本がほとんど財政支出を増やさなかったこと、そして、そんな国は日本しかない**ことは、最低限認めるべきでしょう。

　つまり、**日本は、放漫財政どころか、世界に冠たる緊縮財政国家**だということです。

しかも、この1997年から2017年の間、日本だけがデフレであり続けました。「財政出動さえすれば、すべてが解決する」とか「財政出動さえすれば、経済は成長する」とまでは言いませんが、デフレの間、まったく財政支出を増やさずに経済を成長させることはきわめて難しいのは、間違いありません。

「機能的財政」という考え方

資本主義以前の社会における領主は、自分で貨幣を生み出すことができないので、貨幣（つまり財源）を自分以外のところから取ってこなくてはなりません。ですから、前近代世界の領主は、財政の収入（税収）を計算しながら、支出する額を決める必要がありました。まさに、儒教の経典『礼記《らいき》』にある「入《い》るを量《はか》りて出《いず》るを為《な》す」を旨としなければならないのです。

これに対して、資本主義における近代政府は、中央銀行のおかげで、必要な貨幣を「無から」創造することができます。

資本主義における近代政府には、予算の制約も資金の制約もありません。

近代政府の支出を制約するのは、政府が動員するヒトやモノといった実物資源の賦存《ふぞん》量《りょう》です。

したがって、近代政府の財政支出は、税収の見込みではなく、実物資源の量の制約を基準にして、決定されるべきものです。

言い換えれば、近代政府の「財政規律」とは、財政収支の均衡ではなく、利用可能な実物資源の量の制約だということです。

では、実物資源の量の制約は、どのようにして計測するのでしょうか。

その指標のひとつとなるのは、**インフレ率（物価上昇率）**です。

たとえば、政府が道路や橋を建設しようとして、公共事業費を支出するとします。

しかし、コンクリートや鉄筋といった建設資材、あるいは建設労働者の量には限りがあります。

ですから、政府が道路や橋を造りすぎると、コンクリートや鉄筋の価格が上昇し、あるいは建設労働者の賃金が上昇します。

つまり、需要に供給が追いつかなくなるので物価が上昇し、インフレになるわけです。

もっとも、インフレ率が数%程度のマイルドなインフレであれば問題ありません。それどころか、良いことです。

マイルドなインフレとは、要するに、需要が供給をやや上回っている状態です。つまり、企業が製品やサービスの供給を増やせば売れるわけです。それは、景気が良いということです。

好景気、あるいは経済成長を実現するためには、需要がやや供給を上回るマイルドなインフレの状態である必要があると言えるでしょう。

しかし、インフレ率が2ケタや3ケタになってしまうと、さすがに問題です。それは、需要が大きすぎて、供給がとても間に合わない状態だからです。製品やサービスが供給できないのでは、どうしようもありません。国民は、単に物価の高騰で生活が苦しくなるだけです。

そこで、政府は、インフレ率が高くなりすぎないように、財政支出を制限する必要があります。

言い換えれば、財政支出の限度、いわゆる「財政規律」は、インフレ率によって決まっているということです。

このように、国家財政を、財政収支の均衡を基準にして運営するのではなく、インフレ率など、国民経済に与える影響を基準にして運営するという考え方を「**機能的財政**」と言います。

前章で紹介したMMTも、この機能的財政の考え方を組み込んでいます。

機能的財政を最初に提唱したのは、アバ・P・ラーナーという経済学者です。ラーナーは、簡単に言うと、次のように論じました。

自ら貨幣（自国通貨）を創造できる政府は、予算の収支を均衡させる健全財政を目指す必要はない。

その代わりに、**財政支出を増やすか減らすか、課税を軽くするか重くするか、国債を発行するかしないか、といった判断は、それらが国民経済に与える影響を基準にすべきである。**

これが機能的財政です。

「健全財政」と「機能的財政」、２つの考え方

たとえば、健全財政では、財政赤字は常に悪いものとみなされています。

しかし、機能的財政では、財政支出を増やしたり減税したりして、景気が良くなり、失業が減るのであるならば、その結果、財政赤字になったとしても、その財政赤字は良いものなのです。

ただし、財政支出の増加や減税によって、景気が過熱し、需要が増えすぎて供給が追いつかなくなり、高インフレになって、国民は苦しむ結果となったとします。この場合、財政赤字は、高インフレを引き起こしたからという理由で、悪いもの、減らすべきものだと判定されるのです。

逆に言えば、健全財政では、財政黒字は常に良いもので、目指すべきものだとされています。しかし、機能的財政では、財政黒字を達成しても、その結果、不況になって失業が増えるようでは、その財政黒字は、悪いものとみなさなければなりません。

このように、財政赤字は絶対に悪、財政黒字は絶対に善なのではありません。

財政赤字（あるいは黒字）が国民を幸福にするなら善、不幸にするなら悪。

これが、機能的財政の基本的な考え方です。

財政支出は「高インフレになる前まで」

さて、政府は、財政支出をどこまで増やすことができるのか。財政赤字をどこまで拡大できるのか。

機能的財政によれば、それは「実物資源の利用可能量の限界まで」すなわち「高インフレになる前まで」ということになります。

つまり、財政支出の上限は、インフレ率で判断すべきだということです。

ましてや、日本政府のように、「プライマリーバランス」（税収・税外収入と、国債費〔国債の元本返済や利子の支払いに充てられる費用〕を除く歳出との収支のこと）の黒字化を目標にするなど、論外です。

ですから、財政支出は、高インフレになった場合には「大きすぎる」ということになります。逆に、低インフレやデフレである場合は、「政府債務／ＧＤＰ」が何％になっていようが、「プライマリーバランス」がいくら赤字になっていようが、財政支出は「少なすぎる」ということになります。

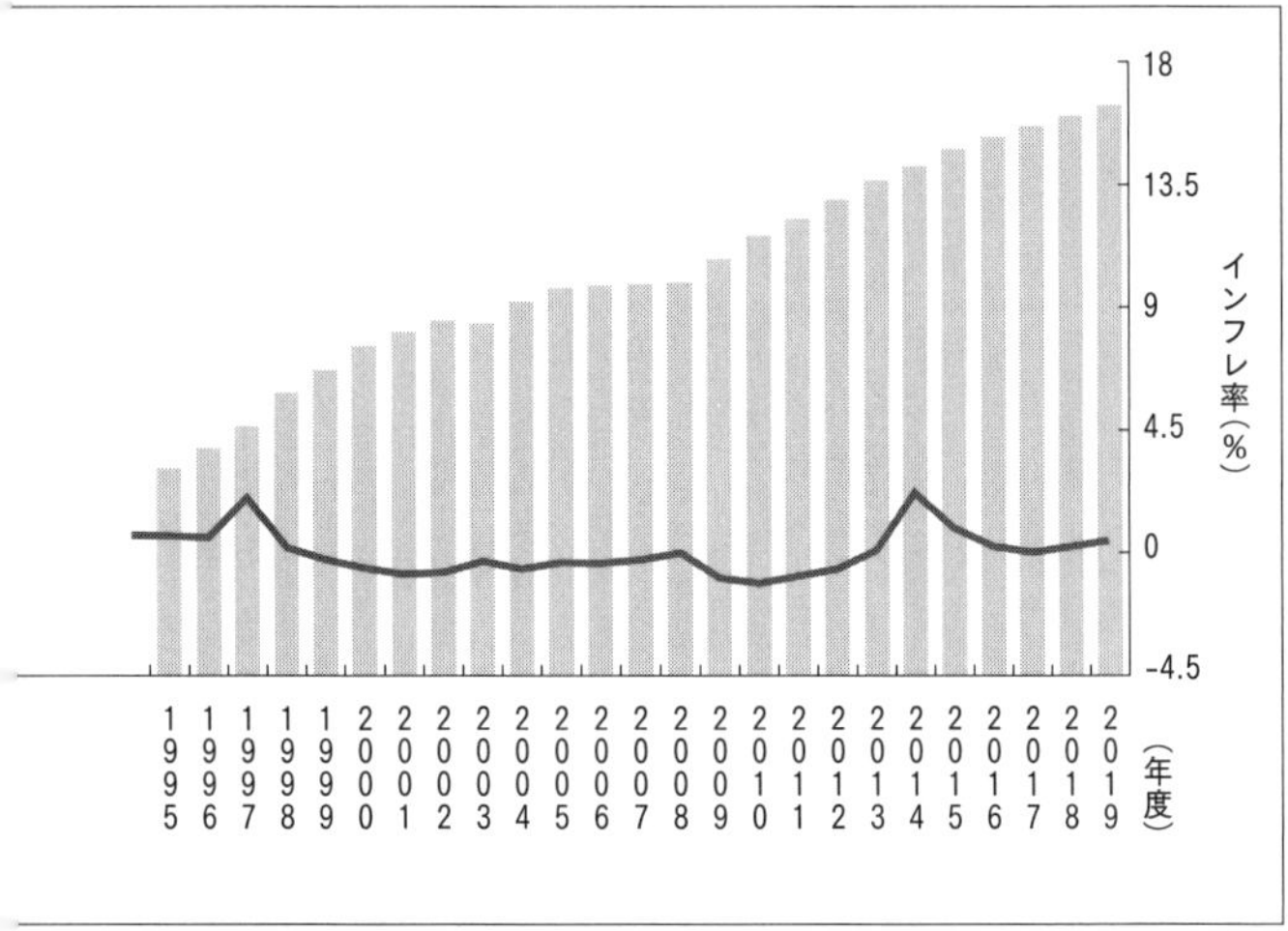

さて、日本の「政府債務／GDP」は、これまでずっと膨らみ続け、2020年には256・2%にまでなりました。

ところで、その間、日本は、高インフレだったでしょうか？

いいえ、その逆に、過去20年以上にもわたってインフレどころか、ほぼデフレでした。

図15をご覧ください。日本は、1998年度以降、ずっとデフレ、もしくはディスインフレ（物価が横ばいで推移し、上がらない状態）です。なお、1997年度、2014年度、2019年度にインフレ率が上がって見えますが、これは

図15 政府債務残高とインフレ率

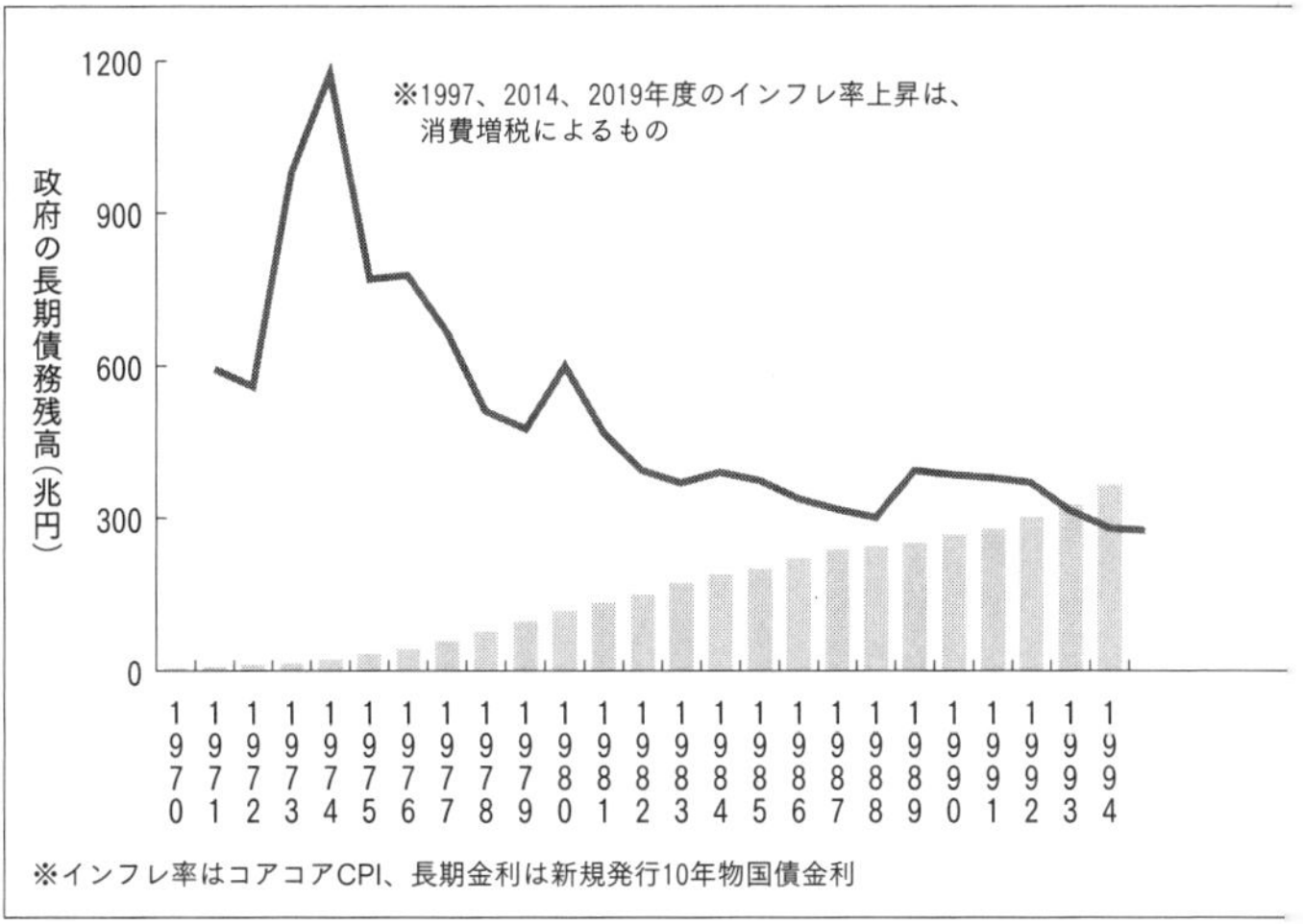

（出典）政府の長期債務残高は財務省、インフレ率は総務省

消費税率を引き上げたから、見かけ上、上がったにすぎません。実際、翌年度からすぐに下落しています。

さらに図16（114〜115ページ）をご覧ください。2020年度にはコロナ対策により、プライマリーバランスの赤字が前年度の約4倍にもなったのに、インフレ率は下がり、デフレになってしまいました。

要するに、**日本の財政支出は、なお全然足りなかった**ということです。言い換えれば、**利用可能なヒトやモノがあったのに、利用されずに放置されていた**ということです。

ところで、2022年から、日本の物

価が上がり始め、インフレが問題になってきました。

ということは、日本の財政支出は多すぎるということなのでしょうか。

結論から先に言えば、そうではありません。というのも、インフレには、様々な原因があり、**2022年以降の日本で起きているインフレは、財政支出の過多を原因とするものではない**からです。

この点については、第六章で論じます。

その前に、次章では、機能的財政においては、税はどういう意味を持つのか、そして国民の真の負担とは何かを検討します。

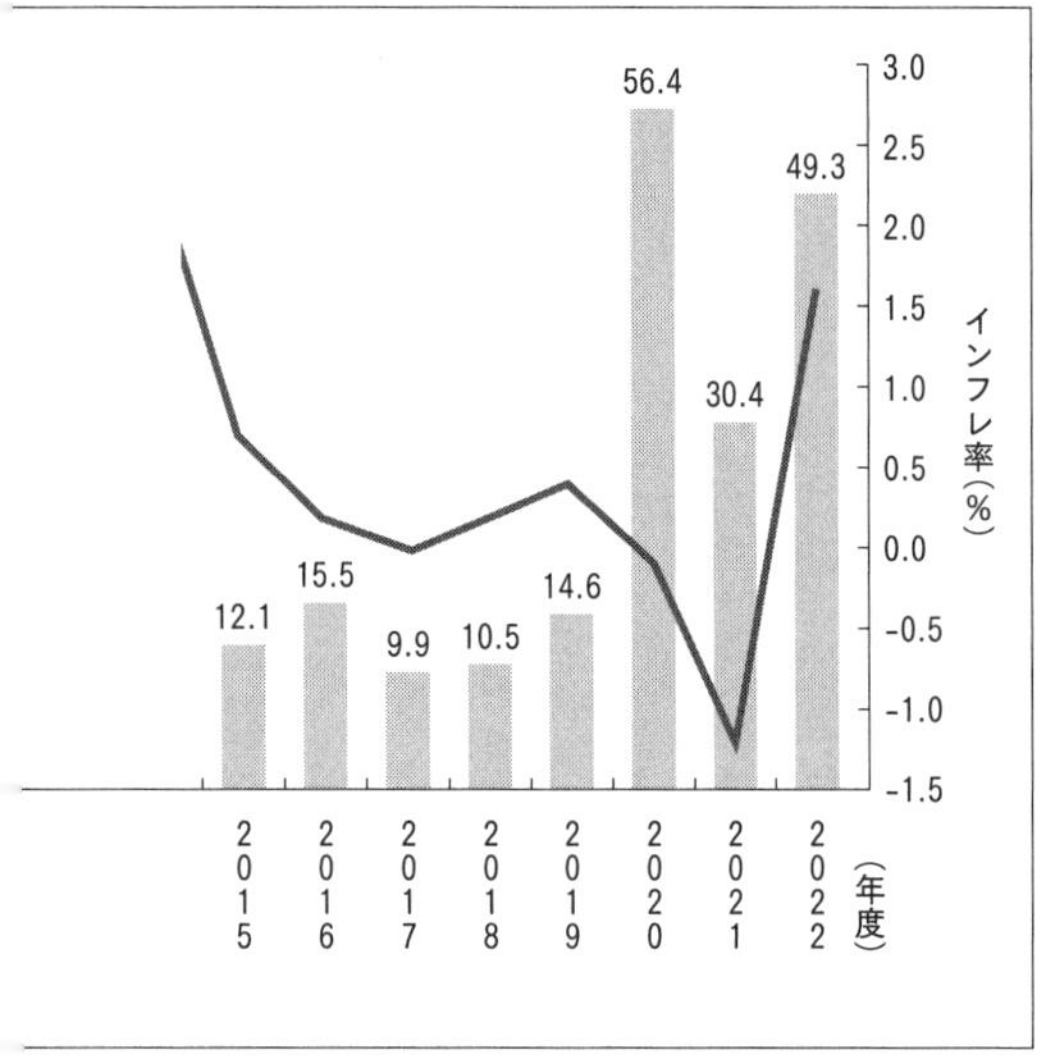

図16 プライマリーバランスとインフレ率

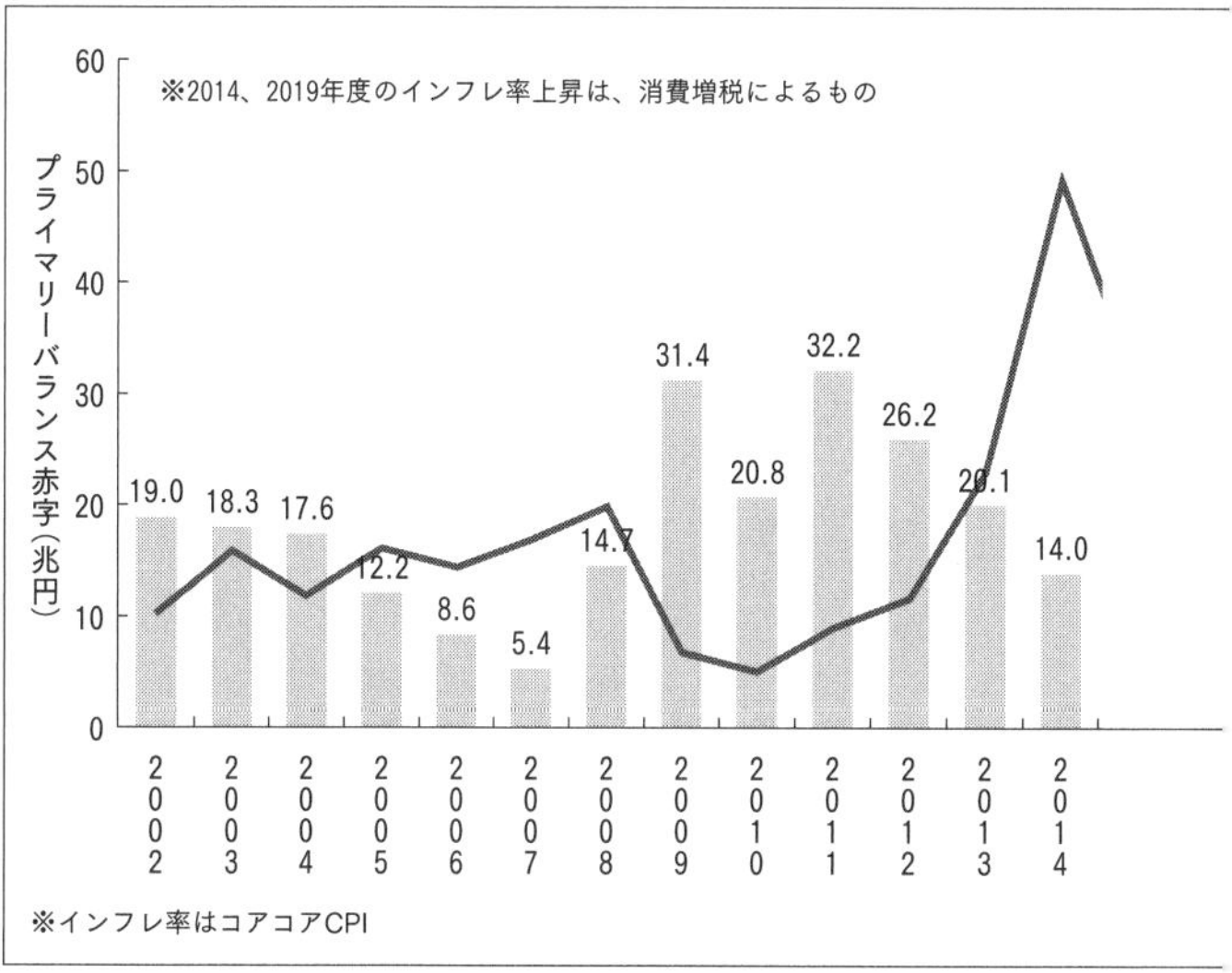

（出典）内閣府のデータをもとに、三橋貴明氏作成・提供

第五章

「国民の負担」とは何か

機能的財政における税の考え方

機能的財政では、国民経済に与える影響を基準にして、財政支出の規模、支出先あるいはタイミングなどを決定します。収支の均衡は、基準にはなりません。

同様に、機能的財政は、税についても、国民経済への影響を基準にして判断すべきだと説きます。

言い換えれば、**税というものは、政府支出の財源を確保するための手段ではなく、国民経済を望ましい姿にするための政策手段**なのです。

たとえば、税は、所得格差を是正《ぜせい》する上では、きわめて効果的な政策手段です。富裕層の所得やぜいたく品の消費には、課税をより重くし、貧困層の所得や生活必需品の消費に対しては、非課税あるいは税率の軽減とすれば、所得格差が是正されます。富裕層に対する課税や累進所得税は、お金持ちから貨幣を奪って貧困対策の財源にするために必要なのではありません。所得格差を是正し、より平等な社会を実現するための政策手段として、必要なのです。

あるいは、税は、気候変動対策のための政策手段ともなります。炭素税が、それに該当します。

税には、増えると望ましくないものに課すことで、その量を減らすという効果があります。

炭素税は、二酸化炭素の排出に対して課税をすることで、その排出を抑制し、地球温暖化を抑止するというわけです。

同様に、たばこ税は、たばこに課税することで、喫煙の量を減らし、健康被害を少なくする政策手段になり得ます。

さて、炭素税は、二酸化炭素の排出を抑制し、たばこ税は、喫煙を抑制します。

では、**消費税は、何を抑制するのでしょうか。**

言うまでもなく、**「消費」**です。

日本政府は、1997年に消費税率を3%から5%へと引き上げ、2014年には8%、さらに2019年には10%にまで引き上げました。

日本政府は、消費を抑制したかったのでしょうか。

そんなはずはありません。この間、日本は消費が低迷し、経済は成長しなくなっていたのです。消費が増えすぎて高インフレで困っていたのならまだしも、デフレで苦しんでいたのだから、消費を抑制したかったはずがない。

では、日本政府は、消費の低迷で困っていたにもかかわらず、何のために消費税率の引上げを二度（２０１４年と２０１９年）も行なったのでしょうか？

それは、「社会保障財源を確保するため」だと言われていました。

しかし、これまで繰り返し述べてきたように、資本主義の下における近代政府は、財源（貨幣）を自ら創造できるのであるし、税は、政府支出の財源を確保する手段ではなく、その反対に、財源を破壊する手段です。

このことからもわかるように、日本政府は、資本主義における近代的な政府が行なうべき財政運営を知らず、封建領主のような財政運営に固執してきました。

日本経済が成長しなくなったのも、当然です。

経済成長による財源の確保？

もっとも、資本主義においては、政府が貨幣を創造しなくても、つまり政府債務を増やさずとも、防衛費の財源を確保する方法がないわけではありません。

第二章において説明した通り、民間銀行も企業の需要さえあれば、貨幣を創造することができます。

したがって、民間部門で創造されて増えた貨幣を、政府が徴税によって取り上げ、それを政府債務の返済ではなく、防衛費に充てるという方法も理論上はあり得ます。

この場合、政府は、確かに政府債務を増やすことなく、防衛費の財源を捻出することができます。

しかし、このような方法が可能となるためには、民間部門が貨幣を次々と創造し、供給している必要があります。つまり、民間企業が民間銀行からの借入れをどんどん増やし続けているという状態です。

それは、民間企業の需要が拡大し続けているということ、要するに、景気が良くて、経済がインフレ気味で成長を続けているということを意味します。

しかし、日本は、長期にわたってデフレから抜け出せなくなっていました。

第二章で説明した通り、デフレの時は、民間企業が借入れを増やすことは難しく、むしろ積極的に債務を減らそうとするので、民間部門が貨幣を創造し、供給を増やすことは難しくなります。

そうであるならば、デフレを脱却して、インフレ気味で経済が成長する状態を作り出さなければなりません。そのためには、政府が需要を創出して、需要不足を解消するしかないので、結局、政府は債務を増やして財政支出を拡大することが必要になります。

「経済成長による税収増」と防衛財源

ところで、防衛財源の確保のための増税に反対する政治家などの中には、「増税ではなく、経済成長によって税収を増やすことで財源を確保すればよい」と主張する人が少なくありません。

先ほど述べたように、それは不可能ではありません。

しかし、経済成長によって税収を増やし、もって防衛財源とするという考え方には、いくつか問題点があります。

第一に、国家の安全保障は、経済成長する・しないにかかわらず、確保しなければなりません。経済成長しなければ財源が確保できず、国を守れないなどということでは、いけないのです。したがって、**国防に必要な財源を経済成長に頼るような考え方は、すべきではない**のです。

第二に、**政府が債務を負って貨幣を創造すれば、容易に財源を確保できます**。しかも、民間企業と違って、政府の財政は破綻しない。それなのに、どうして政府は、わざわざ民間企業に債務を負わせて貨幣を創造し、その貨幣を召し上げるなどという、迂遠《うえん》なやり方をしなければならないのでしょうか。

第三に、民間部門で生まれた貨幣は、民間企業に需要があるから創造されたものです。つまり、その貨幣は、民間企業がその事業のために必要とするものです。それを政府が奪い取って、防衛財源に充てると、その分だけ、民間企業は必要な事業を行なうことができなくなります。それは、**経済をはなはだ非効率にする**のではないでしょうか。

最後に、「経済成長によって税収を増やし、財源とすべきだ」と主張する政治家は、多くの場合、財政赤字が増えることを避けたいと考えています。そうでなければ、政府が債務を増やして防衛財源を確保すればよいはずだからです。ですが、政府が財政支出を増やさずに経済成長を実現するのは、すでに説明したように、ほぼ無理でしょう。

とりわけ、デフレであったり、あるいは、地政学的なリスクが高まったりしている時には、企業は積極的な投資を行ないにくいので、民間主導の経済成長は困難になります。実際、今日、地政学的なリスクが高まっているから、防衛力の抜本的強化が必要だということになっているわけです。そのような危険な国際情勢下で、民間主導の経済成長を期待するのは、楽観的すぎると言われても仕方がありません。

したがって、**政府債務を増やすことなく、経済成長を実現して税収を増やし、防衛財源を確保するというのは、絵に描いた餅になる**可能性が大きいでしょう。

真の国民負担とは何か

さて、これまで議論してきた通り、資本主義の下における近代的な政府は、防衛費の財源を確保するのに、増税する必要はありません。政府が債務を増やすことで貨幣を創造し、それを防衛支出に充てればよい。それだけの話です。

しかし、もし増税が不要だとすると、防衛力を増強するにあたって、国民は何も負担をしなくてよいのでしょうか。

この点について、考えてみましょう。

国力としての防衛力を総合的に考える有識者会議は、次のように述べていました。

防衛力の抜本的強化に当たっては、自らの国は自ら守るとの国民全体の当事者意識を多くの国民に共有して頂くことが大切だ。その上で、将来にわたって継続して安定して取り組む必要がある以上、安定した財源の確保が基本だ。これらの観点からは、防衛力の抜本的強化のための財源は、今を生きる世代全体で分かち合っていくべきだ。

（国力としての防衛力を総合的に考える有識者会議「報告書」）

読売新聞の世論調査（２０２３年1月16日）によると、防衛費増額のために増税をするという政府の方針に対しては63％が「反対」し、防衛費の増額に「賛成」した人（全体の

43％）のうちでも40％が増税に「反対」という結果になりました。では、増税に反対した多くの国民は、「自らの国は自ら守るとの国民全体の当事者意識」を欠き、防衛力強化の負担を将来世代に先送りしようとしているという評価になるのでしょうか？

しかし、これまで述べたように、「防衛力の抜本的強化の財源」が増税である必要はまったくありません。財源（＝貨幣）は、政府が自ら創造するというのが、資本主義における政府というものです。

では、増税が必要ないとすると、「自らの国は自ら守るとの国民全体の当事者意識を多くの国民に共有して頂くこと」は、必要ないのでしょうか。防衛力の抜本的強化のために、国民は何の負担もしなくてよいのでしょうか。

残念ながら、そんなことはありません。

国民は、追加的な税の負担はしなくてもよいのですが、別の負担を課せられるのです。

その負担とは、端的に言えば、**高インフレという負担**です。

実物資源の制約こそ「国民の負担」

説明しましょう。

資本主義における近代的な政府は、確かに資金的な制約からは解放されていますが、実物資源の制約は課せられていることは、すでに説明しました。この実物資源の制約こそが、国民が分かち合わなければならない「負担」です。

防衛力を強化するためには、たとえば自衛隊員を大幅に増やしたり、基地を増強したり、武器を製造したりする必要があります。

そうすると、防衛関係以外の事業に投入できたはずの労働力や資材が、防衛力の強化のために動員されることになるので、労働力や資材の需給が逼迫《ひっぱく》し、物価が上がることになります。そのインフレがマイルドなものであるうちはいいのですが、防衛力を抜本的に強化するとなれば、労働力や資材の供給が追いつかなくなるかもしれません。そうなれば、インフレがひどくなり、国民生活を圧迫することになるでしょう。

しかし、国を守るために、本当に防衛力の抜本強化が必要なのだとすれば、国民は、その高インフレを我慢しなければなりません。これが、いわゆる国民の負担です。

防衛力の抜本的強化に伴う高インフレという負担は、当然のことながら、「今を生きる世代全体で分かち合っていくべき」ものとなります。

したがって、防衛力の抜本的強化のために、増税をする必要はありませんが、今を生きる世代には、実物資源の逼迫という負担、高インフレという負担が課せられます。

つまり、政府が増税ではなく国債発行を選択したとしても、今を生きる世代は、その負担を将来世代へと先送りすることはできません。防衛力の抜本的な強化を進めるだけで、自動的に、今を生きる世代に高インフレという負担がのしかかるのです。

その意味では、「防衛力の抜本的強化に当たっては、自らの国は自ら守るとの国民全体の当事者意識を多くの国民に共有して頂くことが大切だ」という有識者会議の指摘は、まったく正しいと言えるでしょう。

経常収支赤字は負担になるか

さて、防衛力の強化となると、大量の兵器を調達することになりますが、おそらく、当面の間は、世界最大の軍事大国にして同盟国のアメリカから、多くの兵器を購入することになるのでしょう。

そうなると経常収支は赤字になり、日本の国債の海外保有比率が高まるかもしれません。

これは、何か問題になるでしょうか。

検討してみましょう。

まず、経常収支が赤字になり、日本国債が海外で保有されることで、政府に資金的な問題が生じるかと言えば、それはありません。

海外の金融機関などは、円を入手しても自国内では使えないため、それを運用するために日本の金融資産を購入し、とりわけ安全資産である日本国債を保有するにすぎません。この場合、日本国債を保有する必要があるのは、海外の金融機関です。海外の金融機関に国債を買ってもらわなければならない理由は、日本政府にはありません。

にもかかわらず、海外の金融機関が多くの日本国債を保有することになると、もし日本財政の信認が失われて、日本国債を一斉に売りに出されたら、金利が暴騰して大変なことになる。そう主張する論者は、非常に多い。

しかし、日本国債売りで金利が上昇するのが困るのであれば、日銀が買えばよいでしょう。それだけの話です。しかも、日銀は、いくらでも日本国債を買うことができます。

実際、2010年代、ギリシャの財政が危機に陥った際、ヘッジファンドが「次は、膨大な借金を抱えている日本が財政破綻するはずだ」と考え、日本国債の空売りを仕掛けて一儲けしようとして、結局、失敗に終わったということがありました。市場アナリストの豊島逸夫《としまいつお》氏は、こう述べています。「ヘッジファンドには日本国債の空売りを仕掛けて失敗を繰り返した苦い経験がある。日本国債トレードは『ウィドウ・メーカー（寡婦製造）トレード』などと呼ばれたものだ。『もう日本国債にはこりごり』と今回大損したヘッジファンドの関係者はぼやく。教訓として『日銀には逆らうな』が合言葉になりそうだ」

したがって、**経常収支赤字によって、日本国債の海外保有率が高まることで、日本政府が資金的な制約を受けるということはない**のです。

今を生きる世代の負担

しかし、だからと言って、何も問題がないというわけではありません。

たとえば、経常収支赤字が円安をもたらし、それによって輸入物価が高騰し、高インフレになるのであれば、国民は、高インフレという負担を課せられることになるでしょう。

また、自国を守るための兵器をいつまでも海外に依存していて大丈夫かという、安全保障上の問題もあります。

武器輸出国アメリカは、もちろん同盟国ではありますが、いつでも、日本に武器を輸出できるかどうかは保証の限りではありません。

たとえば、ユーラシア大陸の西側と東側で同時に戦争が勃発し、アメリカが、戦略上の理由から、ヨーロッパの同盟国を優先して武器を輸出することを決め、日本を後回しにするようなことも、考えられなくはありません。

そう考えると、日本は、自国内に防衛産業を育て、国産の兵器を開発・生産する必要があるでしょう。

それは、国内に防衛産業という需要を生み出すので、雇用が創出され、経済成長が促《うなが》されることになるかもしれません。

しかし、もし、兵器の開発や生産を急激かつ大規模に行なうことになると、労働力や資材といった実物資源に制約されて、高インフレになるかもしれません。

実際、戦時下の国民は、たいてい高インフレで苦しみます。この戦時下の高インフレは、急激に増大した軍事需要が供給能力をはるかに上回ってしまうから起きるのです。

もっとも、5年間の防衛費を43兆円にする程度では、高インフレを発生させるほどのインパクトはないのかもしれません。

しかし、今後、国防の必要に迫られて、高インフレになるほど、防衛力を急激かつより大規模に強化せざるを得なくなるかもしれません。

その高インフレこそが、国民の負担なのです。

しかも、この高インフレは、防衛力の抜本的な強化と同時に、発生します。ということは、高インフレという負担は、自動的に「今を生きる世代全体で分かち合っていく」ことになります。増税をしようがしまいが、国債を発行しようがしまいが、今を生きる世代は、防衛力の抜本的な強化に伴って生じる高インフレの負担からは逃れられないということです。

要するに、**国を守るために、今を生きる世代が共有しなければならない真の負担があるとすれば、それは、税ではなく、高インフレなのです。**

その意味において、国力としての防衛力を総合的に考える有識者会議が、防衛力の強化には「自らの国は自ら守るとの国民全体の当事者意識」が必要であり、その負担は「今を生きる世代全体で分かち合っていくべきだ」と言ったのは、正しかったと言えるでしょう。

ただ、資本主義における政府の財源についての理解が間違っていたのです。

第六章

インフレの問題

MMTに対する批判

MMT（現代貨幣理論）という理論は、最近の流行《はや》りのように見えますが、実は、1990年代くらいからありました。また、その原型となる理論であれば、20世紀初頭には見出すことができます。

MMTは、その主唱者であるL・ランダル・レイが言うように、ゲオルグ・F・クナップ、ジョン・メイナード・ケインズ、ジョセフ・アロイス・シュンペーター、アバ・P・ラーナー、あるいはワイン・ゴドリーやハイマン・ミンスキーといった、そうそうたる大経済学者たちの理論を基礎とし、歴史学や人類学における貨幣研究の成果を取り入れ、主流派経済学からの数々の批判にも耐えてきた、非常に強力かつ洗練された理論です。

このMMTは、アメリカにおいて、2018年の中間選挙で最年少の女性下院議員として当選し、注目されたアレクサンドリア・オカシオコルテス氏がMMTについての支持を表明したことで、にわかに脚光を浴びました。そして、経済学者たちとの間で、大論争が巻き起こったのです。

その影響もあって、2019年春頃から、日本でもMMTが紹介されるようになりました。しかし、その評判はかんばしいものではありません。

主流派経済学者たちや、健全財政論者の政治家あるいはマスメディアは、ＭＭＴを激しく攻撃し、「ＭＭＴの言う通りに、財政支出を拡大したら、インフレが止められなくなるから危険だ」という批判を繰り返してきました。

もっとも、ＭＭＴは、機能的財政にもとづき、「財政支出は、高インフレにならない限り、拡大できる」と論じているのであって、「いくら財政支出を拡大しても、インフレにはならない」などとは主張していません。

しかし、ＭＭＴを批判する経済学者たちは、そんなことにはおかまいなく、ただ「ＭＭＴは、インフレを引き起こすから危険だ」と喚《わめ》き続けてきたのです。

そして、２０２１年頃から、アメリカやヨーロッパで物価が上昇してインフレが問題視されるようになり、日本でも２０２２年春頃から、物価が上昇し始めました。

すると、案の定、このインフレの高進を見て、「やはりＭＭＴは間違っていた」などと鬼の首でも取ったかのように論じる経済学者や経済評論家が、次々と現れてきました。

実は、インフレと財政の関係を正確に理解することは、財源の問題を考える上で非常に重要です。

そこで、本章では、２０２１年以降のインフレの問題を、ＭＭＴの議論とからめながら、論じていくことにしましょう。

ＭＭＴの概要

改めて、ＭＭＴの要点を簡単に説明しておきましょう。

ＭＭＴは、貨幣とは国家が創造したものである、という理解から出発します。

政府は、まず、通貨（円やドルなど）を法定する。

次に、国民に対して、その通貨の単位で計算された納税義務を課す。

そして、政府は、通貨を発行し、その通貨を租税の支払い手段として定める。

その結果、通貨には、納税義務の解消手段としての需要が生じるようになり、国民は通貨に額面通りの価値を認めるようになる。そして、その通貨を民間取引や貯蓄の手段としても利用するようになる。

こうして、通貨が流通するようになる。

ＭＭＴは、このように説明しています。

さて、国民は納税を行なうためには、事前に通貨を保有していなければなりません。その通貨を誰が発行しているのかと言えば、もちろん政府です。政府が通貨を発行し、それを支出して、国民に供給しなければ、国民から税を徴収することはできません。ということは、財政支出が先であり、徴税は後だという順序になります。

そして、政府の財政支出には、資金の制約はありません。

これは、政府が自ら通貨を創造していることを考えれば、当然の論理的帰結であると言えるでしょう。

固定為替相場制という制約

もっとも、前章までの議論では省略してきましたが、実は、政府の通貨供給には、**固定為替相場制という制約**が課されている場合があります。

固定為替相場制の下では、政府は、自国通貨との交換の要求に応えるために外貨を常に準備しておかなければなりません。つまり、自国通貨の発行量には外貨準備という制約が課されているというわけです。

19世紀から20世紀前半にかけて、金本位制という固定為替相場制が存在していた頃は、各国政府の通貨発行と財政支出には、金《きん》準備という制約が課されていました。

また、第二次世界大戦後から1973年までは、資本主義諸国は、ブレトンウッズ体制という固定為替相場制の下にあったので、各国の財政政策にはドル準備という制約が課されていました。

現在でも、開発途上国の中には、ドルと自国通貨の交換比率を固定する「ドルペッグ制」を採用する国がありますが、そうした国々の財政政策はドル準備に制約されています。

さらに、欧州連合（EU）加盟国のうち、共通通貨ユーロを採用している国々は、そもそも自国通貨を放棄しています。通貨（ユーロ）を創造しているのは、欧州中央銀行であって、各国の政府と中央銀行は、通貨を創造することができません。

というわけで、こうした国々の場合は、資本主義における近代政府ではあっても、固定相場制や通貨統合といった制度によって、財政支出に資金的な制約が課されてしまっているのです。

日本政府に財政破綻の可能性はない

しかし、自国通貨と外貨（あるいは金《きん》）との交換比率が固定されていない**変動為替相場制の下であれば、そのような制約はありません。**政府は、無制限に自国通貨を発行する能力を持つことができるのです。

要するに、**変動為替相場制の下においてであれば、自国通貨を発行する政府は、財政破綻（債務不履行）に陥ることはない**のです。そして、日本政府は、変動為替相場制の下で自国通貨を発行しています。

ですから、**日本政府が財政破綻することは、あり得ない**のです。

ただし、変動相場制の下で自国通貨を発行する政府の財政であっても、資金以外の制約はあります。それは、前章において述べたように、実物資源の供給の制約です。

政府であれ民間企業であれ、経済主体は、通貨を支出して財やサービスを購入したり、労働者を雇用したりすることで、実物資源を動員することができます。

しかし、通貨によって動員される実物資源のほうは、いくらでも、というわけにはいきません。実物資源の賦存量は有限であるから、その供給能力には当然、限界があるのです。

したがって、政府には資金の制約がなく、財政破綻もしないからといって、政府支出を野放図に拡大し続けると、いずれ、実物資源の供給制約にぶつかることになります。

財政支出が実物資源の供給制約を超過すると、高インフレが引き起こされるでしょう。

高インフレとは、実物資源の供給がその制約に達したことを示すサインなのです。

MMTが「高インフレにならない限り政府支出を拡大できる」と主張するのは、そのためです。MMTが採用する**機能的財政とは、財政運営を、予算の制約ではなく、実物資源の制約によって規律しようというもの**なのです。

2つのインフレ

さて、以上がMMTの概要になりますが、ここで注目したいのは、インフレの性質についてです。

MMTは、確かに、財政支出の上限は高インフレであると論じています。

しかし、インフレには、大別して、2つの種類があるのです。

それは、**「デマンドプル・インフレ」**と**「コストプッシュ・インフレ」**です。

図17 2つのインフレ

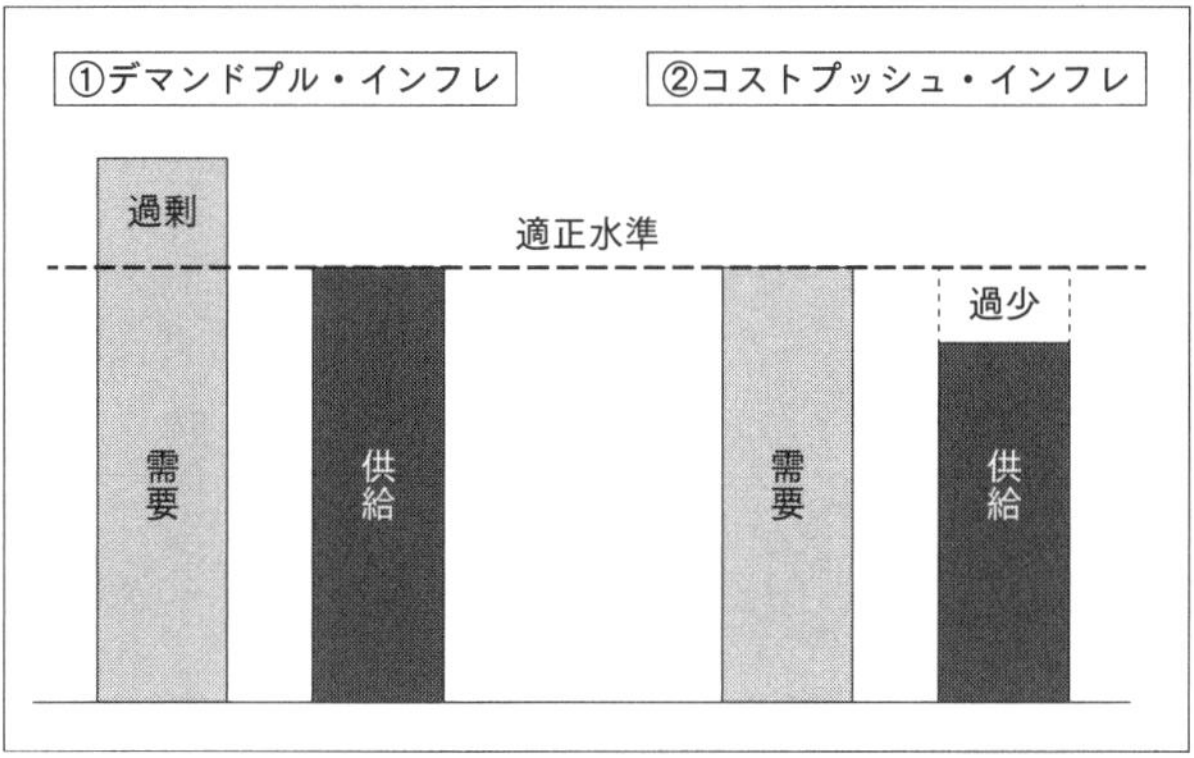

すでに述べたように、高インフレは、需要が実物資源の供給制約を超えた場合に発生します。

そのうち、需要が実物資源の供給制約を超えた原因が、**需要の増大にある場合は「デマンドプル・インフレ」**とされます（図17①）。

たとえば、景気が過熱して、消費や投資が急増し、実物資源の供給が追いつかなくなった場合がデマンドプル・インフレになります。

これに対して、需要の増大ではなく、**実物資源の供給制約がより厳しくなったことに起因するインフレは、「コストプッシュ・インフレ」**とされています（図17②）。

たとえば、1970年代の石油危機のように、産油国が原油の輸出を制限したために、エネルギー価格が高騰してインフレになった場合は、コストプッシュ・インフレとみなすことができます。

さて、**MMTは、財政支出の上限は高インフレであると主張しました。この場合のインフレが「デマンドプル・インフレ」を意味すること**は、明らかでしょう。財政支出による需要の増大が実物資源の供給制約を超えることで起きるインフレは、デマンドプル・インフレにほかなりません。

しかし、**コストプッシュ・インフレが起きている場合は、そのインフレを財政支出の過剰のせいにすることはできない**でしょう。たとえば、産油国が石油の供給を少なくしたことによるインフレの原因は、産油国にあるのであって、財政支出の過剰とは関係がありません。

では、2021年から2022年にかけて世界的に起きたインフレは、「デマンドプル」と「コストプッシュ」のどちらだったのでしょうか。

この世界インフレは、コロナ禍による労働者不足、ロシアのウクライナ侵攻を契機とする食料やエネルギーの供給制限、経済安全保障の強化、脱炭素、アメリカの利上げによる通貨安、あるいは少子高齢化による生産年齢人口の減少など、様々な原因が複雑にからみあっています（中野剛志『世界インフレと戦争――恒久戦時経済への道』［幻冬舎新書］参照）。いずれの要因も、実物資源の供給制約をより厳しくするものです。

つまり、**２０２１年から２０２２年にかけてのインフレは、コストプッシュ・インフレの性格がより強い**ということであって、特に日本においては、財政支出が膨張したせいとは言えないということです。

野口悠紀雄教授の「生兵法は大怪我の基」

ところが、一橋大学の野口悠紀雄《のぐちゆきお》名誉教授は、ＭＭＴは「最近のインフレ高進で化けの皮が剥《は》がれたようだ」などと凱歌《がいか》をあげたのです。

野口教授は、ＭＭＴについて「自国通貨で国債を発行できる国は決してデフォルトしない。だから、税などの負担なしに、国債を財源としていくらでも財政支出ができるという主張」とした上で、「こうした財政運営をすればインフレになることの危険を軽視」していると批判しています。そして実際にインフレになったではないかと、勝ち誇ったわけです。

(https://diamond.jp/articles/-/307887)

しかし、「最近のインフレ」は主としてコストプッシュ・インフレなのですから、「いくらでも財政支出ができる」という財政運営をしたせいではありません。

たとえば、ロシアのウクライナ侵攻に起因する食料価格やエネルギー価格の高騰は、言うまでもなくプーチンのせいでしょう。

それを日本の財政運営のせいにするなど、お門違いもはなはだしいというものです。「最近のインフレ高進で化けの皮が剝がれた」のは、あえて誰とは言いませんが、インフレにおける「デマンドプル」と「コストプッシュ」の区別すらできないことが露呈した経済学者のほうではないでしょうかね。

ちなみに、2019年のネット記事で、私は、MMTについて論じ、財政支出の拡大がインフレを起こす可能性について指摘した際、次のような注意書きを付していました。

【注意事項】なお、この記事中の「インフレ」とは、需要に引っ張られたインフレのことであって、地政学リスクによる原油価格の高騰や不作による食糧価格の高騰などのインフレ（コストプッシュインフレ）は含みません。コストプッシュインフレは、財政赤字の大きさとは何の関係もありません。ご注意ください。しかし、日本のエリートたちは、地政学リスクによる原油高のせいで物価が上昇したら、「ほら、インフレになった。だから財政支出は増やせないね」って、言いだしそうですね。なにせ、まともに議論することができない人たちですから…。

（「ＢＥＳＴ　ＴｉＭＥＳ」２０１９年９月18日）

その通りになりましたね。

ハイパーインフレの正体

財政赤字の拡大によって、インフレに歯止めがかからなくなると主張する健全財政論者が、そのような事例としてよく挙げるのは、

・第一次世界大戦終結直後のドイツのハイパーインフレ
・第二次世界大戦中や終戦直後の日本の高インフレ
・財政危機に陥ったアルゼンチンやギリシャで起きた高インフレ

・ジンバブエのムガベ政権下で起きたハイパーインフレ

などです。

確かに、歴史上、インフレが止まらなくなるという現象は少ないとはいえ、生じたことがあるのは事実です。

しかも、それらの事例は、どれも

①社会的・政治的な混乱や内戦
②戦争などによる生産能力の崩壊
③徴税権力の弱い政府
④多額の外貨（あるいは金《きん》）による対外債務（非自国通貨建て債務）

のいずれかを原因とするものです。

たとえば、アルゼンチンやギリシャの財政危機や高インフレは、④に該当します。しかし、変動相場制の下で自国通貨建て国債しか発行していない日本政府は、④には該当しません。

また、①には、ムガベ政権下のジンバブエ、あるいはソヴィエト連邦崩壊後のロシアが含まれます。そして、②は第一次世界大戦直後のドイツや、第二次世界大戦中あるいは終戦後の日本が該当します。

これら①と②は、いずれも供給能力が極端に制約されることによって起きるコストプッシュ・インフレです。また、④についても、輸入財の価格が高騰して起きるインフレなので、これもコストプッシュ・インフレだと言ってよいでしょう。

興味深いのは、③の事例です。前章で述べたように、貨幣が貨幣として通用するのは、政府の徴税権力と深い関係があります。貨幣循環理論は、政府は強力な徴税権力を有しており、確実な返済能力があることを強調していました。また、ＭＭＴは、貨幣は、租税の支払い手段として法定されるから、貨幣として受け入れられるのだという学説を唱えていました。

これらの学説に従うと、政府の徴税権力が弱い場合、その政府が発行する通貨が貨幣として信頼され、使われるとは考えにくいということになります。だから、徴税権力の弱い政府が発行する通貨は、その価値が暴落し、ハイパーインフレになるというわけです。

いずれにしても、①②③④のいずれも、今日の日本は該当しません。

そして、①②③④のいずれも、**平時において、政府が過剰な財政支出を行なって、デマ**

ンドプル・インフレを止められなくなった例ではありません。

また、先ほどの図14（102〜103ページ）で示したように、主要各国はどの国も、日本よりも財政支出を伸ばしてきましたが、この中で、デマンドプル・インフレが止められなくなって苦しんだ国など、1カ国もありません。

それどころか、**少なくとも、戦後の先進民主国家で、過剰な財政支出を続けてデマンドプル・インフレが止まらなくなった例など、存在しないのです。**

なぜ、存在しないのか。

その理由は、簡単です。

デマンドプル・インフレが止まらなくなって国民が苦しんでいるのに、なお過剰な財政支出を続けるような愚《おろ》かな政権は、**民主国家では、有権者の支持を得られるはずがないからです。**

もし、「デマンドプル・インフレになったら止められない」などと言う政治家がいたとしたら、その人には政治の世界から退場してもらいましょう。そんな無能で無責任な政治家に、国の財政を任せておくわけにはいきません。

コストプッシュ・インフレ対策

野口悠紀雄教授は、ＭＭＴについて「税などの負担なしに、国債を財源としていくらでも財政支出ができるという主張」だと述べていました。

しかし、このような理解からして、間違っているではありませんか。

読者の方はもうおわかりだと思いますが、ＭＭＴは「税などの負担なしに、国債を財源としていくらでも財政支出ができるという主張」ではありません。

野口教授は、ＭＭＴをよく理解もせずに批判しているわけですが、こういう論者は非常に多いように思います。

多くの経済学者がＭＭＴに猛反発しています。しかし、「自国通貨を発行する政府の財政には、資金（自国通貨）の制約はない」などと言うのは、ＭＭＴに固有の主張ではなく、単なる当たり前の事実にすぎません。

そんなことよりも、もっと重要なのは、**ＭＭＴが、財政支出を制約するのは資金ではなく、実物資源の供給であると強調していること**です。

ＭＭＴは、資金の制約がない政府といえども、実物資源の供給には制約されるから「いくらでも財政支出ができる」わけではないと言っているのです。

それでは、MMTは、コストプッシュ・インフレ対策については、どうあるべきと主張しているのでしょうか。

実は、これまでMMTの論者たちは、コストプッシュ・インフレについては十分に論じてきたとは言えません。

もっとも、2021〜2022年のようなインフレは、第二次石油危機以来、40年ぶりですから、コストプッシュ・インフレ対策について、あまり論じてこなかったのは、当然と言えるかもしれませんが。

しかし、MMTの洞察を応用することで、コストプッシュ・インフレ対策は、次のように導き出すことができます。

コストプッシュ・インフレの原因は、実物資源の供給制約にある。

そうならば、**その対策は、実物資源の供給制約を緩和すること**となるはずです。

具体例を挙げてみましょう。

エネルギーの供給に制約があるのであれば、短期的には省エネルギーの徹底や既存の原子力発電の稼働、長期的には新たなエネルギー源の開発が必要になるでしょう。

食料の供給に制約が生じたのならば、短期的にはフード・サプライチェーンの効率化、長期的には食料生産の拡大が効果的です。

少子高齢化が進んで労働力の供給に制約が生じたのであれば、労働者の技能の向上や機械化・自動化によって、生産性を上げることが求められるでしょうし、より長期的には、交通、通信、電力などのインフラの整備、研究開発、人材の育成、あるいは子育て支援などども必要となるでしょう。

政府による産業政策が必要になる

さて、ここで重要なのは、**これらのコストプッシュ・インフレ対策は、いずれも、政府による公共投資の拡充や民間投資の促進が必要になる**ということです。

たとえば、エネルギー源の開発や食料生産、あるいは子育て支援など、目標を特定した上で投資を行なうことが必要になるでしょう。言わば、的《まと》を絞って大規模かつ長期的に資金を投入する、**ある種の産業政策が必要**になるわけです。

ＭＭＴの主唱者であるレイも、コストプッシュ・インフレ対策には、**的を絞った公共投資**（ターゲッティド・インベストメント）を行なうべきだと主張しています。

要するに、コストプッシュ・インフレ対策に必要なのも、政府による公共投資だということです。

ちなみに、そのような主張をするのはＭＭＴの論者に限りません。

２０２１年９月、**ノーベル経済学賞を受賞した主流派経済学者17人**が公開書簡を発出し、インフラ整備やクリーン・エネルギー開発、研究開発や教育などに対する財政支出の拡大への支持を表明しました。

その公開書簡には、**こうした積極的な公共投資こそが「長期のインフレ圧力を緩和する」**と書かれています。ここで言う「長期のインフレ圧力」というのがコストプッシュ・インフレを意味することは言うまでもありません。

この公開書簡に名を連ねた17人の経済学者は、もちろんＭＭＴの支持者ではありません。それにもかかわらず、彼らが一致して、長期のインフレ対策として、積極的な公共投資を主張したことは、注目に値します。

「将来世代へのツケ」の正体

ただし、財政支出の拡大は投資需要を拡大するものであるから、実物資源の供給制約が厳しい状況の下では、インフレを一時的に悪化させるリスクがあることは否《いな》めません。つまり、コストプッシュ・インフレの中で、公共投資を拡大して需要を増やすことで、デマンドプル・インフレも併発してしまうということです。

しかし、デマンドプル・インフレというのは、需要の増大によって雇用機会を増やし、賃金を上昇させる効果があることから、必ずしも悪いことではありません。

しかも、投資を行なった時点から3年から5年、あるいは10年の後、投資した設備やインフラ等が完成し稼働すれば、供給能力が拡大します。供給能力が強化されれば、コストプッシュ・インフレは沈静化するでしょう。

それだけではなく、供給能力が拡大したわけですから、経済成長の実現すら可能になるのです。

これこそが、コストプッシュ・インフレ対策のあるべき姿です。

すなわち、**長期的な視点から、供給能力を拡大するために、民間投資を支援し、あるい**

は公共投資を実行するのです。

そのための財源は？

もちろん、政府が自ら創造するのです！

資本主義の世界において、変動相場制の下で自国通貨を発行する政府は、資金に制約されることなく、財政支出を拡大できます。

もっとも、政府の財政支出は、実物資源の供給には制約されます。

しかし、その実物資源の供給制約すらも、政府の公共投資などによって、供給能力が強化されれば、緩和することができるでしょう。

供給能力が向上して実物資源の供給制約が緩和されれば、政府の財政支出の余地は、いっそう大きなものとなります。

そこで、公共投資などをさらに拡大して、供給能力をいっそう向上させれば、実物資源の供給制約はもっと緩《ゆる》くなる。そうすれば、政府はさらに財政支出を拡大できるでしょう。

これに対して、健全財政論者は、政府に対して、ありもしない資金の制約（財政規律）

を課そうとしています。

つまり、政府による資金供給を無意味に制限することで、コストプッシュ・インフレ対策に必要な供給能力の強化のための投資までをも妨《さまた》げているのです。

これは、次のことを意味します。

財政健全化は、（コストプッシュ・）インフレを悪化させるリスクがあるのです！

必要な対策を怠《おこた》って、将来、コストプッシュ・インフレが悪化したら、それこそ、「将来世代にツケを残す」ことになるのではないですか。

いったい、財政健全化のどこが「責任ある政治」なのでしょうか。

第七章

金利の問題

3つの財源？

前章において、野口悠紀雄・一橋大学名誉教授によるMMT批判について採り上げました。

その野口教授が、「増税に国債も…防衛費の大幅増を誰が負担？ 日本国民が考えるべきは『3つの財源』」と題した論考で、本書のテーマである防衛費の財源について論じつつ、再びMMTを批判しています。

よほどMMTが気に入らないのでしょう。

再び、野口教授がどういう議論をしているのか、見てみましょう。

今回の野口教授の論考の趣旨は、「国債発行による財源調達は、将来世代に負担を強《し》いる」という議論が正しいかどうかを検討することにあります。

そして、国債には、「外国債」と「内国債」の区別があるとします。

外国債は、国外で購入される国債です。この場合、国債の償還金は、海外に流出します。

これに対して、内国債は、国内で購入される国債です。この場合、国債の償還金は国内で支払われます。この内国債について、野口教授は「家計にたとえれば、内国債は夫が妻から借金するようなものなのである。家計全体で見れば、このような借金をしても借金時に使える金額が増えるわけではないし、返却時に貧しくなるわけでもない」と述べています。

では、内国債は、将来世代の負担にはならないのかと言えば、そうではないというのが、野口教授の言わんとしていることです。

ここで、ＭＭＴが槍玉に挙がります。

「現代貨幣理論」（ＭＭＴ）の信奉者は、内国債なら問題ないとし、財政支出のすべてを内国債によって賄うべきだと主張した。しかし、この考えは誤りなのだ。（中略）国が国債を発行して財政支出を増大させると、金利が上昇し、民間が設備投資にあてるための資金は減る。その結果、資本蓄積が減少し、将来の生産性が低くなるという問題が生じるのだ。

（「ＦｉｎＴｅｃｈ Ｊｏｕｒｎａｌ」２０２３年１月２日）

要するに、国債発行が将来世代の負担になる理由は、国債の発行が金利を上昇させ、民間投資を減らすからだというのです。

特に、国債の発行による財政支出が、将来の生産性を高めないようなことに使われる場合には、単に、金利を上げて民間の設備投資の邪魔をするだけの結果に終わるので、国の生産性が低下してしまいます。

そして、「防衛関係の支出は、将来の日本経済の生産性を高めることにはならないので、国債で賄うことは避けなければならない」と野口教授は主張します。

よって、防衛費の財源確保は、「現在の財政支出を徹底的に再検討し、ムダな支出を削減する」「以上で足りない分を、増税によって賄うことになる」ようにすべきだと野口教授は結論しています。

学者にあるまじき振る舞い

では、野口教授の議論を検証してみましょう。

最初に指摘しなければならないことは、「『現代貨幣理論』（ＭＭＴ）の信奉者は、内国債なら問題ないとし、財政支出のすべてを内国債によって賄うべきだと主張した」という点の誤りです。

ＭＭＴは、内国債ならば問題ないと主張しているのではありません。

自国通貨建て国債であれば、財政破綻はあり得ないと主張しているのです。

つまり、自国通貨建ての外国債（海外が買う自国通貨建て国債）であっても、財政破綻はしません。たとえば、アメリカは、ドル建て国債の多くを海外で買われていますが、アメリカ政府は債務不履行になることはありません。なぜなら、ドルを発行するのはアメリカ政府だからです。

前章で見た野口教授の論考では、ＭＭＴについて「自国通貨で国債を発行できる国は決してデフォルトしない。だから、税などの負担なしに、国債を財源としていくらでも財政支出ができるという主張」だという誤った解釈をしていました。どこが誤っているのかと言えば、「いくらでも財政支出ができるという主張」という箇所です。

ところが、今回、野口教授は、ＭＭＴについて「財政支出のすべてを内国債によって賄うべきだ」という主張であると、さらに間違った理解をしています。

このようなＭＭＴ理解が間違っていることは、すでに邦訳も出ているＭＭＴの論者による本を読めば、すぐにわかることです。

どうも、野口教授は、相手の議論をろくに読みもせずに批判する方のようです。もっとも、ＭＭＴを正確に理解せずに批判する学者は、野口教授に限りませんが。

しかしながら、こういう振る舞いは、議論それ自体を不毛にするものでしかありません。とりわけ研究者には、あってはならない態度ではないでしょうか。

民間貯蓄は増える

それはともかく、国債を発行すると金利が上昇するというのは、野口教授に限らず、多くの主流派経済学者が唱える見解です。

主流派経済学者たちは、なぜ、国債を発行すると、金利が上昇することになると主張するのでしょうか。

後ほど、改めて論じますが、多くの主流派経済学者たちは、国債を購入する際の原資が民間貯蓄であり、国債を購入した分だけ民間貯蓄が減り、その分だけ、民間の設備投資に回せなくなると考えているのです。

野口教授も「国債を発行した時点で、国が全体として使える資源〔筆者注・これは文脈からして「資産」のことかと思われます〕の総量が増えるわけではない。国債は国内の誰かが購入するので、その人の支出が減少している」と書いているので、主流派経済学の見解に則《のっと》っているものと思われます。

しかし、日本は、これまで長年にわたり国債を発行し続け、政府債務を積み上げてきましたが、金利は下がり続け、ずっと超低金利状態が続いています（166〜167ページの図18）。

どうして、日本の金利は上がるどころか、低迷しているのでしょうか。

それは、今のところ、国債を購入できる民間貯蓄が潤沢にあるからだというのが、主流派経済学者たちの考えです。

財務省の財政制度等審議会も同じ考えのようで、たとえば2014年5月の「財政健全化に向けた基本的考え方」の中でこう述べています。

諸外国と比較しても、歴史を振り返っても、我が国の債務は、ほとんど他に類を見ない水準まで累増しているが、これまでは家計が保有している潤沢な金融資産と企業部門の資金余剰という国内の資金環境を背景に、多額の新規国債と債務償還に伴う借換債を低金利で発行できている。

（財務省「財政健全化に向けた基本的考え方」）

国力としての防衛力を総合的に考える有識者会議「報告書」も、「足元では貿易赤字が

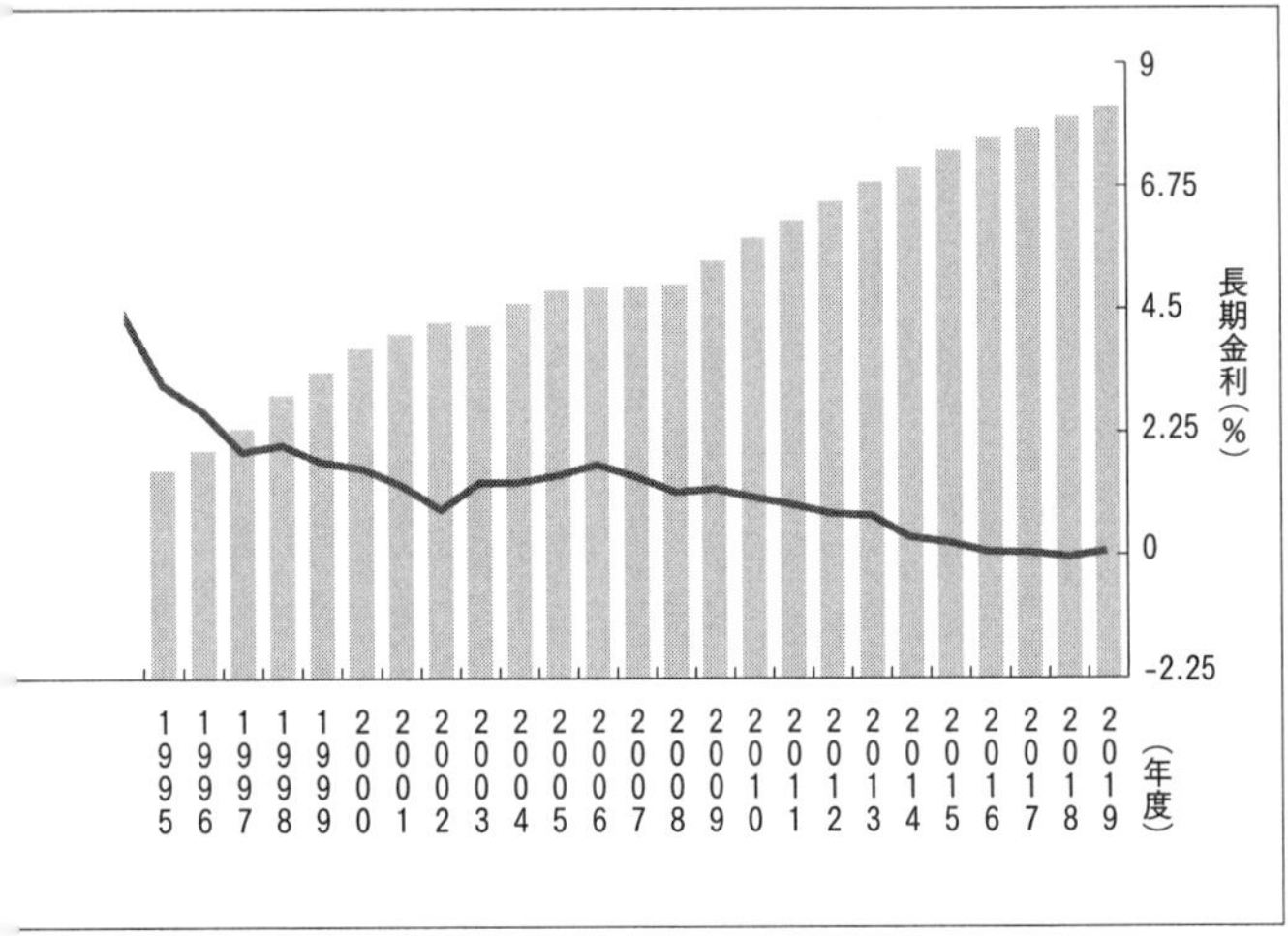

続くとともに、長期的には成熟した債権国としての地位も盤石《ばんじゃく》である保証はない。資金調達を海外投資家に依存せざるを得ない事態に備えることも念頭におく必要がある」と指摘していました。

これも、いずれ、国内の民間貯蓄がなくなり、国債を海外投資家に購入してもらわなければならない事態が来ることを懸念しているのでしょう。

しかし、**国債の発行が増えたせいで民間貯蓄が減るなどということは、起き得ないのです。**

第一章と第二章の議論を振り返ってみましょう。

図18 政府の債務残高と長期金利

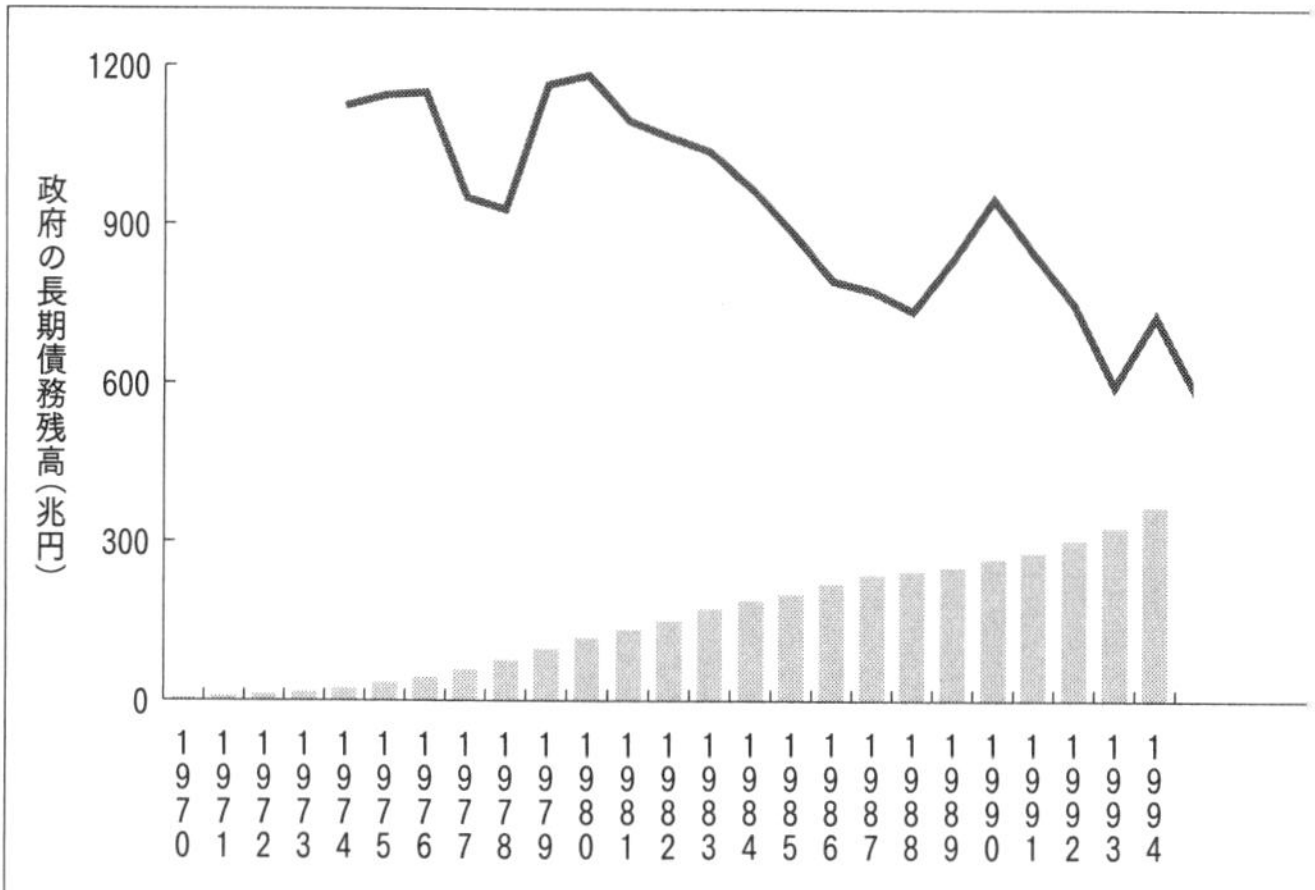

※長期金利は新規発行10年物国債金利

（出典）政府の長期債務残高、長期金利ともに財務省

貨幣とは、負債の一種です。そして、民間銀行が企業に貸し出すと、預金が生まれます。つまり、企業が銀行から借り入れることで、預金（貯蓄）が増えているわけです。

そして、第三章で論じたように、政府が中央銀行から借入れを行ない、支出を行なうと、支出先の民間企業の預金が増えます。

すなわち、**政府の赤字財政支出により、民間貯蓄は減るのではなく、その反対に増えている**のです。

赤字財政支出が民間貯蓄を増やすというのは、実は、当たり前のことです。

たとえば、２０２０年のコロナ禍の中、政府は、国民１人に対して10万円の定額給付金を配ったことがありました。

その際、定額給付金に反対する論者たちは、「給付金を配っても、貯蓄されるだけで消費には回らない」と言って批判していました。

しかし、定額給付金が貯蓄に回るということは、まさに、政府支出によって貯蓄が増えていると認めているのではないでしょうか。

さて、**「赤字財政支出が民間貯蓄を増やすのだとすると、「国債の発行により、いずれ民間貯蓄がなくなり、金利が上昇する」などということは、あり得ない**ということになるでしょう。

だから、図18のように、政府債務が積み上がっても、金利が上昇するということはなかったのです。

貨幣が負債であることや、信用創造という資本主義の仕組みを理解していれば、何も不思議なことはありません。

政府支出の実際

ところで、実際の政府支出には、たとえば、予算執行の前に国債が発行されるとか、日本銀行が国債を政府から直接引き受けることは法律で原則禁止されているとかいった、様々な制度上の制約が課せられています。

そこで、これらの制度上の制約を前提とした上で、政府があらかじめ国債を新規に発行し、その新規国債を民間銀行が購入し、政府が財政支出を行なう場合を考えてみましょう。

それは、次のようなプロセスになります。

①政府は財政支出を行なうにあたり、国債を新規に発行して、民間銀行に売却する。
なお、民間銀行が新規発行国債を購入するためには、あらかじめ日銀当座預金を有している必要がありますが、この日銀当座預金は日銀が創造し、供給したものです。民間銀行の日銀当座預金は、民間預金を原資としたものではありません。

②民間銀行が新規発行国債を購入すると、その購入額分だけ、民間銀行の日銀当座預金が減り、政府が日銀に開設した政府預金が増える。

③政府が財政支出を行なうと、政府預金が、支出先の民間事業者の口座がある民間銀行の日銀当座預金に振り替えられ、民間銀行はその民間事業者の預金を増やす。つまり、②で民間銀行が国債を購入して減った分の日銀当座預金は、ここで戻っている。

④こうして、財政支出は、それと同額だけ民間部門の預金（民間貯蓄）を増やすが、日銀当座預金の額は変わらないので、金利は不変である。

というわけで、やはり、国債を発行すると、民間貯蓄が減って金利が上がるということはないことが確認できました。

この点について、早川英男氏は、民間銀行のバランスシートで解説しています。念のため言っておくと、早川氏はＭＭＴの支持者ではありません。(https://www.tkfd.or.jp/research.php?id=3919)

まず、民間銀行が国債を購入すると、民間銀行のバランスシートの資産サイドで国債保有が増え、支払いに使った日銀当座預金が同額だけ減る。

次に、政府が国債調達で発行した資金を使うと、その代金が家計や企業の預金として流入し、（銀行全体としては）それと同額の日銀当座預金が増える。

この2段階のプロセスの結果、民間銀行のバランスシートの資産サイドで国債保有が増加し、負債サイドでは家計や企業の預金が増加するのです（172～173ページの図19）。


以上のように、政府が国債を発行して財政支出を行なっても、民間貯蓄は減るわけではなく、むしろ、その反対に増えますし、金利が上がることはありません。

それだけではありません。

日銀は、民間銀行から国債を買い取ることで、民間銀行の日銀当座預金を増やし、金利を下げることができます。

中央銀行は、金利をコントロールすることができるのです。その意味でも、金利の上昇を心配する必要はないわけです。

実際、日銀は、黒田東彦総裁の下で、「量的緩和政策」と称して、巨額の国債を購入し、金利をきわめて低い水準に抑えてきました。

もっとも、今後、景気が回復してインフレ気味になると、日銀は、量的緩和政策を終了し、金利を引き上げるかもしれません。

もし、そうなったら、政府は、大量の国債を保有する日銀に対して、巨額の利子を支払わなければならなくなり、財政危機になる。そう懸念する論者も少なくありません。

しかし、その懸念は杞憂《きゆう》です。

政府は債務を負って創造した通貨を、日銀への利払費に充てればよいだけの話だからです。利払いができなくなるとか、そのために増税が必要になるということはありません。

ついでながら、日銀は、利子の受け取り等によって利益が出た場合は、日本銀行法第五三条の規定にもとづき、それを国庫に納付することになっています。つまり、政府が日銀に支払った利子は政府に戻ってくるのです。

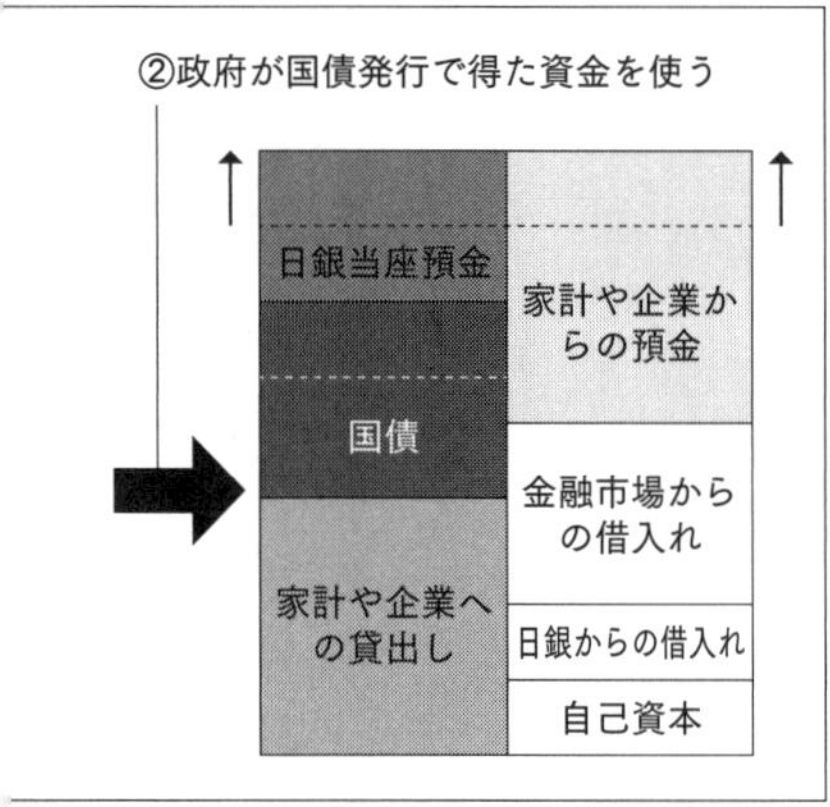

8日）

図19 国債購入による民間銀行のバランスシートの変化

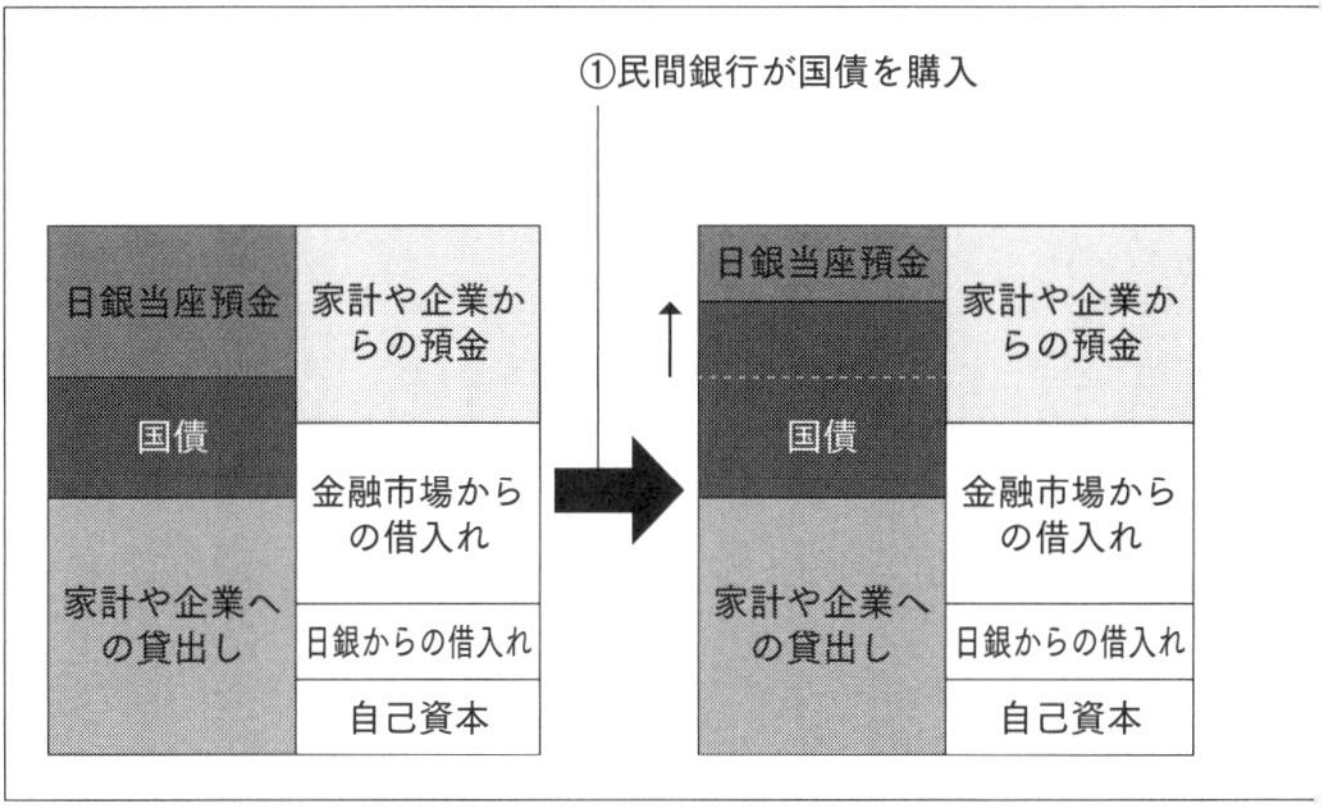

（出典）早川英男「MMT派の信用創造理解：その貢献と限界」（東京財団政策研究所、2022年2月

「財政破綻説」は間違っていた

しかし、多くの主流派経済学者が、野口教授のように、国債の発行による金利の上昇を懸念しています。

一例として、東京大学の星《ほし》岳《たけ》雄《お》教授が、2019年10月8日の日本経済新聞「経済教室」に書いた論考を見てみましょう。

その冒頭で、星教授は、2014年に伊《い》藤《とう》隆《たか》敏《とし》教授と書いた論文で、10年以内に日本の財政が破綻する危険性を指摘したが、その予想が外れたと書いています。

2014年に伊藤隆敏氏（現・米コロンビア大教授）と共著の論文で、日本国債の量が家計の保有する金融資産総額を上回ることで、10年以内に財政が破綻する危険性があると論じた。日本の国債はほとんど国内で消化されているので財政は心配ないとの見方に対し、限界があることを示した。だが現在でも全く危機の気配すら感じさせず、政府債務は拡大を続けている。

（『日本経済新聞』２０１９年10月８日）

このように、星教授（と伊藤隆敏教授）は、野口悠紀雄教授と同じように、日本の国債が国内で消化されていても、日本国債の量が民間の金融資産総額を上回れば、財政は破綻すると論じていたのです。国債発行の上限は、「民間部門が国債の負債を吸収できる最大限」だというのが、星教授と伊藤教授の考えです。

しかし、そのようなことは起きませんでした。

起きなかった理由は、すでに述べた通り、国債の発行と政府支出が、民間貯蓄を減らすのではなく、逆に増やすからです。

経済学者たちの妄言

ところで、星教授自身は、どうして予想が外れたと考えているのでしょうか。

星教授は、「国債利回り（＝利子率）が国内総生産（ＧＤＰ）伸び率を下回ることはないという仮定が変化した」からだと分析しています。

そして、もし利子率がＧＤＰの成長率を上回っていたら、財政は破綻していたと言うのです。

利子率が成長率を上回っていれば、国債の量をＧＤＰで割った国債ＧＤＰ比率は、放っておけばどんどん上昇していく。分子の国債が増える速度（利子率）が分母のＧＤＰが増える速度（成長率）を上回るので、国債ＧＤＰ比率は上昇し続ける。この状況では、将来のどこかで基礎的財政収支（プライマリーバランス）を黒字にしない限り、財政はいずれ破綻する。（同紙）

このように、星教授は、国債の量をＧＤＰで割った「国債ＧＤＰ比率」が上昇し続けると、財政はいずれ破綻すると主張します。

しかし、前章で述べた通り、政府は、自国通貨を創造して債務を返済することができるのですから、国債ＧＤＰ比率は、財政破綻とは何の関係もありません。

ちなみに、国際連合によるＳＤＧグローバル指標は、開発途上国の対外債務の持続可能性について、その指標を「財及びサービスの輸出額に対する債務の割合」（17・4・1）としています。

開発途上国の対外債務とは、一般的には、ドルなど外貨建て債務と考えられます。この場合、輸出で外貨を稼がなければ、外貨建て債務は返済不可能になってしまうおそれがありますす。だから、「外貨建て政府債務／輸出」が財政の持続可能性の指標になっているのです。しかし、自国通貨建て国債の場合は、国債ＧＤＰ比率を財政の持続可能性の指標とする意味はありません。

星教授は、国債ＧＤＰ比率が上昇し続けると財政はいずれ破綻すると言うのですが、その比率が何％になったら破綻なのかについては、述べていません。星教授と伊藤教授の２０１４年の論文でも、その比率については述べていないようです。

しかし、伊藤教授は、２００３年3月19日の日本経済新聞「経済教室」において、複数の経済学者らと共同で、財政健全化の必要性を訴える「緊急提言」を発表しましたが、その中では、国債ＧＤＰ比率が２００％に達したら、「この水準は国家財政の事実上の破たんを意味すると言ってよい」と書いていました。

国債GDP比率は、2011年以降、200%を超え続けています。しかし、日本は財政破綻していませんし、利子率は世界最低水準で推移していました。

『イソップ寓話』のオオカミ少年

ところで、日本の利子率は、どうして超低水準で推移したのでしょうか。

これは、デフレで資金需要がなかったためということもありますが、それに加えて、日銀が量的緩和政策を実施して、大量に国債を購入し続けて、利子率を抑えていたからです。

言い換えれば、仮に、国債GDP比率の上昇が問題なのだとして、その上昇を防ぎたいのであれば、単に、日銀が利子率を低くコントロールすればすむ話だということです。

結局のところ、星教授も野口教授も予測が外れてしまうのは、政府の赤字財政支出が民間貯蓄を増やすということを知らないからなのです。

それは、彼らが経済学者であるにもかかわらず、信用創造とは何か、貨幣とは何かを正しく理解していないということを意味します。

それにもかかわらず、星教授は、「経済教室」の論考を、次のような警告で締めくくっています。

経済学者の多くは、財政赤字を続けて国債を累積することの危険性を指摘してきたが、危機はいまだ訪れず「オオカミが来た」と叫ぶ嘘つき少年になぞらえられることもある。だがイソップの寓話《ぐうわ》でも最後は本当にオオカミがやってくる。危機の可能性を消し去るには、利子率が低いうちに政府が具体的な財政健全化の道筋を示す必要がある。（同紙）

しかし、東京大学で経済学を教えている教授なのですから、「イソップの寓話でも最後は本当にオオカミがやってくる」などと子供だましのような脅《おど》しをする前に、貨幣とは何かを正確に理解することのほうが先決でしょう。

少なくとも、ご自身を含む経済学者の多くが、なぜ、間違え続けてきたのかについて反省し、そろそろ、MMTなど、主流派経済学以外の経済理論についても真面目《まじめ》に検討してみてもよいのではないでしょうか。

伊藤元重、吉川洋、東大教授たちの誤謬

ところで、『イソップの寓話』と言えば、2012年、東京大学の伊藤元重《いとうもとしげ》教授（当時）も、次のように書いていました。

> 財政危機を警告する経済学者はオオカミ少年と呼ばれることがある。「オオカミが来る」と言っているが、来ないではないか、と。つまり、国債の価格は下がるどころかまだ上がり続けている。経済学者の警告は外れている——そうした批判だ。しかし、オオカミ少年の話では、最後にはオオカミが来た。財政危機というオオカミの姿はすぐそこに見えている。
>
> （「ダイヤモンド・オンライン」2012年8月6日）

また、2017年には、東京大学の吉川洋《よしかわひろし》教授（当時）が、次のように書いています。

財政規律は大切、PB〔筆者注・プライマリーバランスのこと〕黒字化を、と訴える

と、財政赤字が大変だ、大変だ、といつも言うが、金利はゼロで一向に上昇する気配もない、それこそ「オオカミ少年」だと言われる始末である。（中略）穏やかな海を見て「津波が来る！」と言う人を嘘つき呼ばわりする愚は明らかであろう。津波と同じく、財政破綻は大きなリスクである。違いは、財政破綻は人災であるということだ。人の手で防ぎうる。そのためにはオオカミ少年の声に耳を傾けなければならない。

（『ファイナンス』２０１７年９月号）

もしかして、東京大学では、『イソップ寓話』を教科書にして経済学を教えているのですか？

第八章

矢野論文の衝撃

不都合なMMT批判

MMTは、2019年の春頃から、日本でも話題となりました。

2019年と言えば、その年の10月に消費税率の10%への引上げが予定されていました。その増税を正当化する根拠は、社会保障財源の確保でした。

そのような時に、「変動相場制の下で自国通貨を発行する政府は、財源の心配をする必要はない」と主張するMMTが大きく紹介されたわけです。それが正しいとなると、消費増税は何の意味もないということになってしまいます。

焦《あせ》った財務省は、早速、火消しに走りました。MMTを批判する資料を用意したのです。それは、2019年4月17日の財政制度等審議会において提示されました。

この資料は、1ページ目で、財政赤字は、「将来世代へのツケ」だと警鐘《けいしょう》を鳴らしています。さらに、57ページから60ページまでを見ると、世界の著名な経済学者や政策当局の幹部など、総勢17人によるMMTに対する批判のコメントが、ずらりと並んでいます。中には、ツイッターのつぶやきまであります。

よくもまあ、こんなに精力的に集めてきたものです。財務省は、よほど焦っていたのでしょう。

もっとも、この資料は、ＭＭＴを批判する声をたくさん集めてきただけで、財務省がＭＭＴを批判したものではありません。

しかし、こんな凄い資料を見せられたら、普通の人は「なんか、ＭＭＴって、胡散臭《うさんくさ》いな。やっぱり、将来世代へのツケを残しちゃいかんから、消費増税もやむを得ないよなあ」という印象を持つでしょう。

それこそが、財務省の狙いです。ＭＭＴのネガティブ・キャンペーンとしては、これで十分だというわけです。

ところが、この財務省が精力的に作成したＭＭＴ批判の資料は、よく見ると、実に不可解な点がありました。

というのも、この資料に載っているＭＭＴ批判者の中には、財務省が全力で否定したくなるような主張をしていた人物が、何人も含まれていたからです。

たとえば、国際通貨基金（ＩＭＦ）のクリスティーヌ・ラガルド専務理事（当時）がその１人です。

ラガルドは、ＭＭＴについて「数学モデル化されたのを見ると魅力的で、有効であるように受け止められる」とコメントし、「ある国が流動性の罠に陥ったり、デフレに見舞われたりするなどの状況下では、短期的には効果的かもしれない」との見方を示した」（「ブルームバーグ」2019年4月12日）のです。

当時の日本はデフレでしたから、「MMTは、今の日本には効果的かもしれない」とラガルドは考えていたということになります。

アメリカにおける経済学界の重鎮で元財務長官のローレンス・サマーズに至っては、日本の財務省にとって、もっと不都合なことを発言していました。サマーズは、以前、日本の経済政策について問われた際、こんな反応をしていたのです。

安倍《あべ》政権の財政政策については、柄《がら》にもなく外交的な態度を見せ「少し矛盾している」と口を濁《にご》した。さらに突っ込んで聞くと、2014年4月に消費税を引き上げるのは間違いだと警告したと述べ、「その後起きたことで私の考えを変えたことは何もない」と言う。

（『日本経済新聞』2016年1月12日）

サマーズは、2014年の消費増税は間違いだと日本政府に警告したと言っています。

日本政府は、サマーズの警告を無視したわけですね。
さらに露骨なのは、ノーベル経済学賞受賞者のポール・クルーグマン・ニューヨーク州立大学教授です。

実際、アベノミクスが実行に移されてから、株価も上昇し、景気も回復基調に入ろうとしていました。しかし、私はここへきて、安倍政権の経済政策に懐疑心を持ち始めています。というのも、安倍政権はこの4月に消費税を5%から8%に増税し、さらに来年にはこれを10%に増税することすら示唆しているからです。消費増税は、日本経済にとっていま最もやってはいけない政策です。今年4月の増税が決定するまで、私は日本経済は多くのことがうまくいっていると楽観的に見てきましたが、状況が完全に変わってしまったのです。すでに消費増税という「自己破壊的な政策」を実行に移したことで、日本経済は勢いを失い始めています。このままいけば、最悪の場合、日本がデフレ時代に逆戻りするかもしれない。そんな悪夢のシナリオが現実となる可能性が出てきました。

（『週刊現代』２０１４年9月16日）

クルーグマンは、10％への消費増税は、悪夢のシナリオだとまで言い切っています。イギリスの金融サービス機構元長官アデア・ターナーもまた、消費増税の延期を提言しています。それどころか、財政赤字を拡大し続けろとまで言っています。

日本政府と日銀に対する提案は3つある。第1に、政府は2019年10月に予定している（8％から10％への）消費税率引き上げを再延期し、高水準の財政赤字を計上し続けるべきだ。民間貯蓄超過を穴埋めするためには、相当規模の公的赤字が2020年代半ばまで必要なことを甘受すべきである。（中略）これらの政策の組み合わせは、根強いデフレ圧力と公的債務問題に対して、日本が取り得る最も有効な打開策になると考える。日本は、追加的な政府支出の効果が将来の増税予測によって相殺されるという「リカーディアン均衡」にはまってしまっている。しかも、かなり強いリカーディアン均衡だ。この罠から抜け出すためには、（中央銀行が財政赤字を穴埋めする）「マネタリーファイナンス」を国民に向けて明示的に行う必要がある。

（「ロイター」2018年1月10日）

さらに、財務省がわざわざツイッターのつぶやきを拾ってきた元アメリカ経済学会会長でマサチューセッツ工科大学教授のオリヴィエ・ブランシャールも、２０１２年の段階で、すでにこんな意見を述べていました。

「日本は多くの問題に直面している」と述べ、「外需の弱さ、デフレ、財政再建という3つの課題」を挙げた。財政再建については、「そのスピードが重要。財政再建による（マイナスの）乗数効果は、通常より強まっている。流動性の罠に陥っている先進国もあり、金融政策の効果が通常より期待できないため」と指摘、財政再建をあまり急ぐと世界経済にとって好ましくないとの認識を示した。こうした認識のもとで、日本についても、すでにゼロ金利状態が続き、金融政策の効果が薄いことや、低金利による利払い負担は小さいことなどから、急激な財政再建はかえって好ましくないとの考えを示した。

（「ロイター」２０１２年10月9日）

さらにブランシャールは、２０１９年に「日本の財政政策の選択肢」というレポートを公表し、プライマリーバランスの赤字を拡大しろとか、財政支出を増やせとか、日本政府の財政運営を全否定するような主張を展開したのです。おまけに、ブランシャールは、この「プライマリーバランスの赤字を拡大しろ」という提言をツイッターでもつぶやいています。

このように、財務省がMMT批判者として引っ張り出してきたラガルド、サマーズ、クルーグマン、ターナー、ブランシャールは、いずれも、主流派経済学の大物や、権威ある機関の幹部経験者ですが、皆、デフレ下での積極的な財政出動に賛同しています。

とりわけ、サマーズ、クルーグマン、ターナー、ブランシャールは、日本を名指しして、財政赤字を拡大すべきだとか、消費増税はやめるべきだとか、はっきり言い切っているのです。

こうなると、もはやMMTがどうのとかいう問題ではありません。

日本政府がデフレ下において歳出抑制や増税を繰り返していることは、主流派経済学の権威たちの目から見ても、異常なのです。

ということは、日本政府の財政政策は、MMTだけではなく、MMTに与《くみ》しない主流派経済学にすらもとづいていないということになります。

だとしたら、日本の財務省は、どういう理論にもとづいて、財政運営をしているのでしょうか。

もしかして、「入るを量りて出るを為す」の『礼記』？？？

現役財務次官の見解

いったい、財務官僚は、何を考えているのでしょうか。

近頃は、財務省に限らず、現役の官僚が自らの見解を公表することはほとんどなくなりました。

このため、財務官僚たちが、日本の財政運営に関して、本当はどう考えているのかを知ることは難しくなっています。

ところが、ありがたいことに、２０２１年10月、月刊誌『文藝春秋』11月号において、当時、現役の財務事務次官である矢野康治《やのこうじ》氏が「財務次官、モノ申す『このままでは国家財政は破綻する』」という論文を寄稿しました。通称「矢野論文」です。

この「矢野論文」は賛否両論を巻き起こしましたが、経済学者たちやマスメディアでは、おおむね、高い評価を得ていたようです。

しかし、私は、『楽しく読むだけでアタマがキレッキレになる 奇跡の経済教室【大論争編】』(ベストセラーズ)という本1冊丸ごと使って、矢野論文を検証し、批判しました。

ここでは、その一部をかいつまんで紹介したいと思います。

矢野論文は、こんな書き出しで始まっています。

最近のバラマキ合戦のような政策論を聞いていて、やむにやまれぬ大和魂《やまとだましい》か、もうじっと黙っているわけにはいかない、ここで言うべきことを言わねば卑怯でさえあると思います。数十兆円もの大規模な経済政策が謳われ、一方では、財政収支黒字化の凍結が訴えられ、さらには消費税率の引き下げまでが提案されている。まるで国庫には、無尽蔵にお金があるかのような話ばかりが聞こえてきます。

(『文藝春秋』2021年11月号)

このはじめの数行で、もう間違っています。

読者の方々はお気づきかもしれませんが、「まるで国庫には、無尽蔵にお金があるかのような話ばかりが聞こえてきます」という箇所ですね。

政府と中央銀行は、「無から」お金をいくらでも創造できるので、「国庫には、無尽蔵にお金がある」というのは、まぎれもない事実です。

それをおかしいと思うのは、そもそも、資本主義の仕組みについても、信用貨幣についても、知らないからにすぎません。

お金を国庫に貯めておいて使うというのは、資本主義以前の時代の封建領主の財政観なのです。

片腹痛い矢野氏の「大和魂」

これが財務事務次官の「やむにやまれぬ大和魂」だというのだから、がっくりしてしまいますが、とりあえず気を取り直して、もうすこし先まで読んでみましょう。

矢野氏は、巨大な政府債務を抱えている日本は、財政破綻に向かっていると危機感をあらわにしました。そして、その状況を次のように表現しています。

このバラマキ・リスクがどんどん高まっている状況を前にして、「これは本当に危険だ」と憂いを禁じ得ません。すでに国の長期債務は973兆円、地方の債務を併せると１１６６兆円に上ります。ＧＤＰの２・２倍であり、先進国でずば抜けて大きな借金を抱えている。それなのに、さらに財政赤字を膨らませる話ばかりが飛び交っているのです。あえて今の日本の状況を喩《たと》えれば、タイタニック号が氷山に向かって突進しているようなものです。氷山（債務）はすでに巨大なのに、この山をさらに大きくしながら航海を続けているのです。タイタニック号は衝突直前まで氷山の存在に気づきませんでしたが、日本は債務の山の存在にはずいぶん前から気づいています。ただ、霧に包まれているせいで、いつ目の前に現れるかがわからない。そのため衝突を回避しようとする緊張感が緩んでいるのです。このままでは日本は沈没してしまいます。ここは声だけでも大きく発して世の一部の楽観論をお諫《いさ》めしなくてはならない、どんなに叱られても、どんなに搾《しぼ》られても、言うべきことを言わねばならないと思います。諸々のバラマキ政策がいかに問題をはらんでいるか、そのことをいちばんわかっている立場なのに、財務省の人間がもんもんとするばかりでじっと黙っていてはいけない。私はそれは不作為の罪だと思います。（同誌）

では、日本の財政は、いつになったら、あるいは政府債務が何兆円になり、ＧＤＰの何倍になったら、破綻するのでしょうか。

それについては、矢野氏は、こう述べています。

先ほどのタイタニック号の喩えでいえば、衝突するまでの距離はわからないけれど、日本が氷山に向かって突進していることだけは確かなのです。この破滅的な衝突を避けるには、「不都合な真実」もきちんと直視し、先送りすることなく、最も賢明なやり方で対処していかねばなりません。そうしなければ、将来必ず、財政が破綻するか、大きな負担が国民にのしかかってきます。（同誌）

このように矢野氏は、日本の財政がいつ破綻するのかはわからないとしているにもかかわらず、いずれ破綻するのは間違いないと断言しています。

矢野論文が発表された２０２１年と言えば、その前年に発生した新型コロナウイルス感染症のパンデミックによって、日本政府は、その対策のために巨額の財政支出を行ない、財政赤字を拡大させていました。

矢野氏は、そのこと自体については、否定してはいません。コロナ対策のための財政赤字の拡大はやむを得ないとしています。

しかし、コロナ対策が終わってもなお、財政赤字の拡大を続けることは許されないと矢野氏は強く主張しています。

なぜ、巨額の財政赤字を続けてはいけないのでしょうか。その理由について、矢野氏は、「ずっと単年度収支の赤字を放置するとか、赤字の拡大を容認してしまうようでは、国家として財政のさらなる悪化に目をつぶることになり、世界に対して誤解を招くメッセージを送ることになってしまいます。その結果、日本国債の格付けに影響が生じかねず、そうなれば、日本経済全体にも大きな影響が出ることになります」と説明しています。

矢野論文の問題点

さて、矢野論文には、他にもいろいろ間違ったことが書いてあるのですが、それらについては『楽しく読むだけでアタマがキレッキレになる 奇跡の経済教室【大論争編】』をお読みください。

ここでは、特に大きな問題点を3つに絞って、指摘しておきます。

第一に、矢野氏は、日本国債の格付けが下がり、日本経済全体に悪影響を及ぼしかねないメッセージを送ってはならないと言いながら、そういうメッセージを自ら送ってしまいました。

そのメッセージこそ、この矢野論文にほかなりません。

もし、会社の社長が「我が社は、タイタニック号のように、破綻に向かって突進しているのです」と力説したら、その企業の株価は暴落するに違いありません。

それと同じで、現役の財務事務次官が「日本の財政は破綻に向かっています」などというメッセージを送ったのです。そんなことをしたら、普通だったら、日本国債が暴落して金利が高騰することになるでしょう。財政破綻に向かっている国の国債など、誰も保有しようとは思わないでしょうから。

要するに、**矢野氏は、自らの手で、日本の財政に対する市場の信認を傷つけた**のです。

第二に、矢野氏は「世界に対して誤解を招くメッセージを送ることになってしま」うと、「日本国債の格付けに影響が生じかねず、そうなれば、日本経済全体にも大きな影響が出る」と主張しました。

そして、先ほど述べたように、矢野氏は自ら、世界に対して、日本は財政破綻に向かっているというメッセージを発しました。

ところが、それにもかかわらず、日本国債の格付けには、何の影響も生じませんでした。

矢野論文が発表され、大きな話題となっても、金融市場はほとんど反応しませんでした。長期金利は高騰するどころか、超低水準のままだったのです。

その後、過去最大規模の補正予算案が閣議決定されましたが、それでも長期金利は0・1％にも及びませんでした。

現役財務次官が日本国債の信認を傷つけるような論文を発表し、その後、過去最大規模の補正予算案が閣議決定され、財政赤字のさらなる拡大が確定したにもかかわらず、日本国債の格付けにも、日本経済全体にも、何の悪影響も及ぼさなかった。

要するに、**矢野論文は、発表されるや否や、事実によって否定されてしまった**ということです。

第三に、日本政府が財政破綻に向かっているなどという矢野氏の主張は、根本的に間違っています。

第六章において述べたように、変動為替相場制の下で自国通貨を発行する政府は、財政破綻（債務不履行）に陥ることはないのであり、そして、日本政府は、そういう政府ですから、財政破綻することはあり得ません。

日本が財政破綻することはあり得ないというのは、ＭＭＴに固有の主張というわけではありません。

実は、ほかならぬ財務省自身も、そのことを認めているのです。

２００２年に、海外の格付け会社が日本国債の格付けを引き下げました。すると、当時の財務省は、格付け会社（ムーディーズ、Ｓ＆Ｐ、フィッチ）宛に、公開質問状を発出しました。

そこには、次のように書かれています。

貴社の格付け判定は、従来より定性的な説明が大宗《たいそう》である一方、客観的な基準を欠き、これは、格付けの信頼性にも関わる大きな問題と考えている。従って、以下の諸点に関し、貴社の考え方を具体的・定量的に明らかにされたい。

（1）日・米など先進国の自国通貨建て国債のデフォルトは考えられない。デフォルトとして如何《いか》なる事態を想定しているのか。（後略）

（財務省「外国格付け会社宛意見書要旨」）

このように、財務省は、自国通貨建てである日本国債のデフォルト（債務不履行）は考えられないと認めています。

財務省は、格付け会社に対して「デフォルトとして如何なる事態を想定しているのか」と質問していますが、「それは、こっちが、おたくの事務次官に聞きたいよ！」と言いたいですね。

日本国債のデフォルトなど起きない

自国通貨建て国債のデフォルトは考えられないというのは、疑いようがない真実だと言ってよいでしょう。

たとえば、バーゼル規制（バーゼル銀行監督委員会が公表している銀行の自己資本比率に関する国際的な統一基準）においても、自国通貨建て国債については、格付けの如何《いかん》にかかわらず、信用リスクをゼロにすることができるとされています。

また、健全財政論者の小林慶一郎《こばやしけいいちろう》・慶應義塾大学教授ですら、2018年に出版された『財政破綻後――危機のシナリオ分析』（日経BPマーケティング）の中で、「外貨建て国債の場合は、市場で国債が買われなくなると、政府は借り換えができなくなり、外貨準備が不十分なら期限がきた国債の償還ができなくなる。これは債務不履行（デフォルト）だが、日本の場合はこのようなデフォルトは起きない」と書いているくらいです。

しかし、日本国債のデフォルトが考えられないというならば、小林教授にとって、「財政破綻」とは、どういうことを意味するのでしょうか。

小林教授は、同じ本の中で、「本書における財政破綻とは、さしあたり『緩やかな（2％程度以下の）インフレ率のもとで、正常な（4％程度以下の）名目金利を維持できない状態』を指すとしておきたい」と述べています。

しかし、この財政破綻の定義は、実に奇妙です。もし、財政破綻が「2％以下のインフレ率の下で名目金利が4％程度以下を維持できないこと」だというなら、日本は、1980年代には、すでに財政破綻の状態にあったことになってしまいます。
要するに、小林教授は、財政破綻についてまともに定義すらできないのに、財政健全化を主張しているというわけです。しかも、そんな小林教授が、財務省の財政制度等審議会財政制度分科会の臨時委員を務めているのです。

話を矢野論文に戻しましょう。
矢野康治氏が、矢野論文の発表によってしでかしたこと。
それは、こういうことです。

日本の財政の信認を守るべき立場の人間が、日本の財政破綻はあり得ないにもかかわらず、財政破綻に向かっているという誤ったメッセージを発信して、日本の財政の信認を傷つける行為に及んだが、結果的に、日本の財政の信認を傷つけることに失敗した。

恐ろしい話です。

ワニのくち

矢野論文にはいろいろなことが書かれていますが、結局のところ、矢野氏の財政論というのは、国民生活に悪影響を及ぼそうが、財政赤字は減らさなければならず、財政黒字を目指さなければならないという、実に素朴な均衡財政論にすぎません。

急激すぎる財政再建が経済の腰折れを招きかねないという懸念はごもっともですが、日本の財政は（景気がよくても赤字のままという）「構造赤字」であり、いわゆるバブル期（1990年前後）でも、ワニのくちは狭まりはしたものの、歳出と税収が逆転する（黒字になる）ことはありませんでした。また、安倍政権下で有効求人倍率が1・6を超えるほどのいわゆる完全雇用状態の下でも、黒字にはなりませんでしたから「経済成長だけで財政健全化」できれば、それに越したことはありませんが、それは夢物語であり幻想です。

（『文藝春秋』2021年11月号）

ここで矢野氏が言う「ワニのくち」というのは、歳出と歳入（税収）の乖離《かいり》のことです。この「ワニのくち」という表現は、マスメディアでも頻繁に使われています。これは、ほかならぬ矢野氏自身が、１９９８年頃に財務省内でそう呼んだことが始まりなのだそうです。

「ワニのくち」が開いているのが問題だというのは、まさに『礼記』の「入るを量りて出るを為す」の発想にほかなりません。

これは、要するに、資本主義以前の前近代社会における領主の財政論なのです。

恐ろしいことに、矢野論文は、**財務省の事務次官が、資本主義の仕組みについても、貨幣についても、税についても正しく理解しないまま、この21世紀に、封建領主と同じ感覚で、日本の財政を運営していた**ということを、白日の下にさらしてしまったのでした。

第九章

自己制裁

日本の財政運営はガラパゴス

矢野康治氏は、財務事務次官を退任した後、財政再建を唱える活動をいっそう活発化させています。

たとえば、2022年10月に開催された「この国のかたちを問う――これからの財政政策」をテーマとしたシンポジウムに登壇しています。

そこで矢野氏は、こう発言したと報じられています。

「日本を除く先進各国は、新型コロナウイルス対策予算などでも増税を含めた財源の確保や財政健全化に取り組んでいる。日本の財政運営は『ガラパゴス』と言わざるを得ない」「大型財政出動が必要ならばやるべきだが、財源確保を考えるべきだ」(https://mainichi.jp/articles/20221006/k00/00m/020/355000c)

財源確保を考えていないのは、貨幣とは何かすらも考えていない矢野氏のほうだと思いますが、それはさておき、彼の「日本の財政運営は、『ガラパゴス』」という発言の意味を考えてみましょう。

言うまでもなく、「ガラパゴス」とは、日本だけで通用する特殊な製品・サービスあるいは慣行のことを揶揄《やゆ》する際に使われるスラングです。

矢野論文は間違いだらけでしたが、「日本の財政運営は、『ガラパゴス』」というのは、ある意味、正しいように思います。

ただし、矢野氏が言うように、日本が増税を含めた財源の確保や財政健全化に取り組んでいないから、ガラパゴスなのではありません。

日本の財政運営は、次の４点において、確かにガラパゴスなのです。

①デフレ下における増税

すでに述べたように、ローレンス・サマーズやポール・クルーグマン、オリヴィエ・ブランシャールといった大物の主流派経済学者たちは、デフレ下にあった日本が消費税を増税することに懸念を表明していました。

当然でしょう。**景気が悪い時には、減税こそすれ、増税はしてはならないというのは、主流派か異端派のＭＭＴかにかかわらず、経済学における初歩であり、学派を問わないコンセンサス**であるはずです。

いったい、デフレで経済が低迷している時の消費増税を正当化する経済理論など、あるのでしょうか。

それに、**戦前はともかく、戦後の先進諸国で、デフレ下で増税を行なった国など、ありません。そもそも、20年以上もデフレを放置していた国自体が、日本以外にない**のです。

というわけで、**デフレ下で消費増税を実施、しかも二度もやるというのは、日本だけのガラパゴスの財政運営**と言うべきでしょう。

その結果、日本経済だけが20年以上も成長しないガラパゴスになってしまいました。

②60年償還ルール

日本政府は、新規に発行した国債は60年で完全に償還（つまり1年に60分の1ずつ償還）するという「60年償還ルール」を決めています。

このため、毎年度の予算には国債の利払費だけではなく、償還費も計上されています。ちなみに、２０２２年度一般会計歳出（１０７・６兆円）のうち、国債償還費は17・5％を占めています。

ところが、**このような償還ルールにもとづき政府債務を「完全に返済する」という考え方を持っているのは、先進国では日本だけ**です。

日本以外の先進国では、このように償還の期限を定めるルールはありません。国債は永続的に借り換えされ、債務残高は維持されるのが基本です。

しかも、予算には償還費は計上されず、利払費だけが含まれることになっています。というのも、日本以外の先進国には、政府債務を完済しなければならないという発想はありません。ですから、基本的に、国債を永続的に借り換えているのです。

このように、**「60年償還ルール」も国債償還費の予算計上も、日本だけのガラパゴスのルール**なのです。

これもまた、ＭＭＴがどうのとかいう話とは関係ありません。

矢野氏は、日本の財政がガラパゴスなのが気に入らなくて、かつ「ワニのくち」を閉じたいというのなら、自分が財務事務次官だった時に、国際標準に合わせて、「60年償還ルール」を廃止し、歳出に国債償還費を計上しなければよかったのです。

そもそも、財務省は、財政赤字が大きいと財政の信認が問題になるということで、財政赤字を減らしたがっていたわけです。

もしそれが正しいのだとしたら、**財務省は、過大な財政赤字が財政に対する信認を傷つ**

けないよう、国際標準に合わせて、歳出から国債償還費を除くべきでしょう。

それなのに、なぜ、財務省は、そうしないのでしょうか。

その理由が、もし、財政赤字を大きく見せかけて「財源がない」と言い募《つの》るためだとしたら、きわめて悪質だと言わざるを得ません。

もっとも、財務省にそういう悪意はなく、本気で、国債償還費を歳出とみなしているだけかもしれません。しかし、もしそうだとしたら、今度は、その無知が恐ろしくなります。なぜなら、貨幣とは何かについても、資本主義の仕組みについても、わかっていないということになるからです。

そもそも、政府の歳出とは、民間部門に貨幣を供給することです。しかし、第三章で説明したように、国債の償還とは、貨幣の供給どころか、その反対に、貨幣を破壊するものですから、国債償還費とは、言わば、破壊された貨幣の額のことなのです。

破壊された貨幣の額である「国債償還費」を、供給する貨幣の額を計上すべき「歳出」に含めるというのは、どう考えてもおかしいではないですか。

百歩譲って、MMTを理解しろとまでは言いません。しかし、財務省は最低限、国際標準に合わせて「60年償還ルール」を止め、国債償還費を歳出の項目から除くべきではないでしょうか。ちなみに、２０２３年度予算案における国債償還費はおよそ16・３兆円です。

③社会保険料の扱い

ＯＥＣＤ（経済協力開発機構）は、その加盟国の経済の状況や経済政策について、定期的に審査を行なっています。その日本に対する経済審査報告書を見ると、確かに、一般政府の歳出の項目には、国債償還費が含まれていません。

ところが、問題は、歳出の項目だけではありませんでした。ＯＥＣＤの対日経済審査報告書の一般政府の歳入を見てみると、社会保険料が含まれています。**国際標準では、歳入に社会保険料を含む**のです（210ページの図20）。社会保険料は、社会保障給付費を賄うために国民が負う負担とされているわけですから、税収と同様に、歳入に含めるほうが適切でしょう。

ところが、日本の財務省の財政関係資料では、歳入に社会保険料は含まれていません（212～213ページの図21）。ちなみに、２０２２年度予算における社会保険料は74・１兆円となっています。

日本は、歳出項目だけでなく、歳入項目も、ガラパゴスなのです。しかも、国際標準に

図20 一般政府の歳入と歳出の構成(2019年／OECD表記)

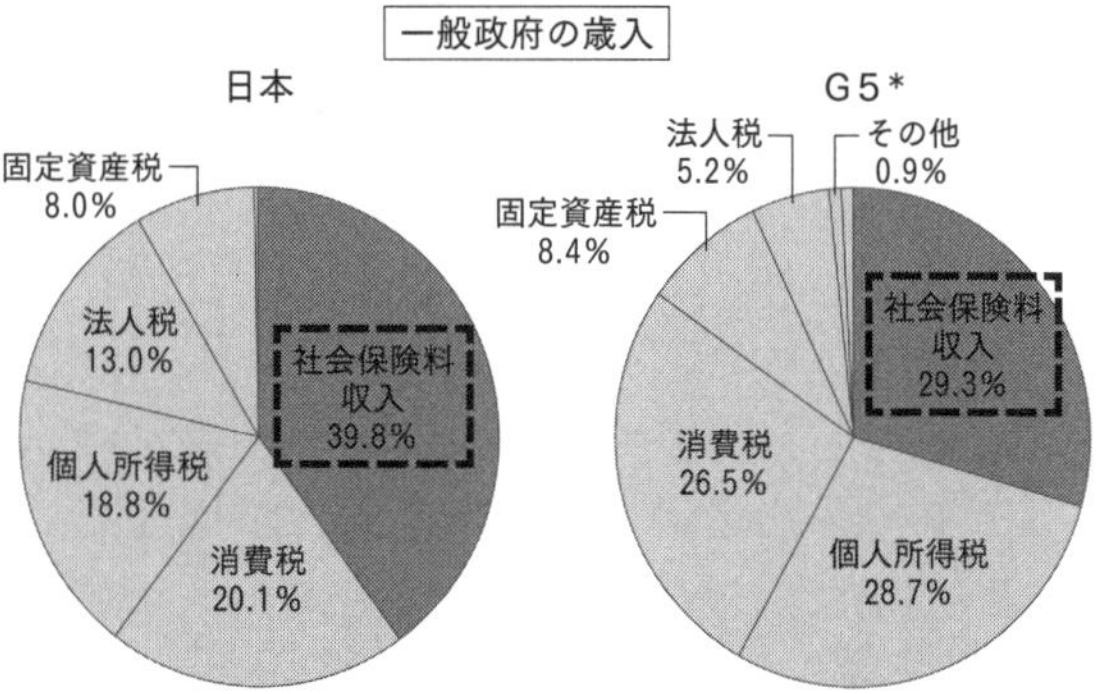

歳入に、社会保険料収入(social security contributions)を含む。

日本の社会保険料収入の歳入に占める比率は、他の主要国に比べて、高い。

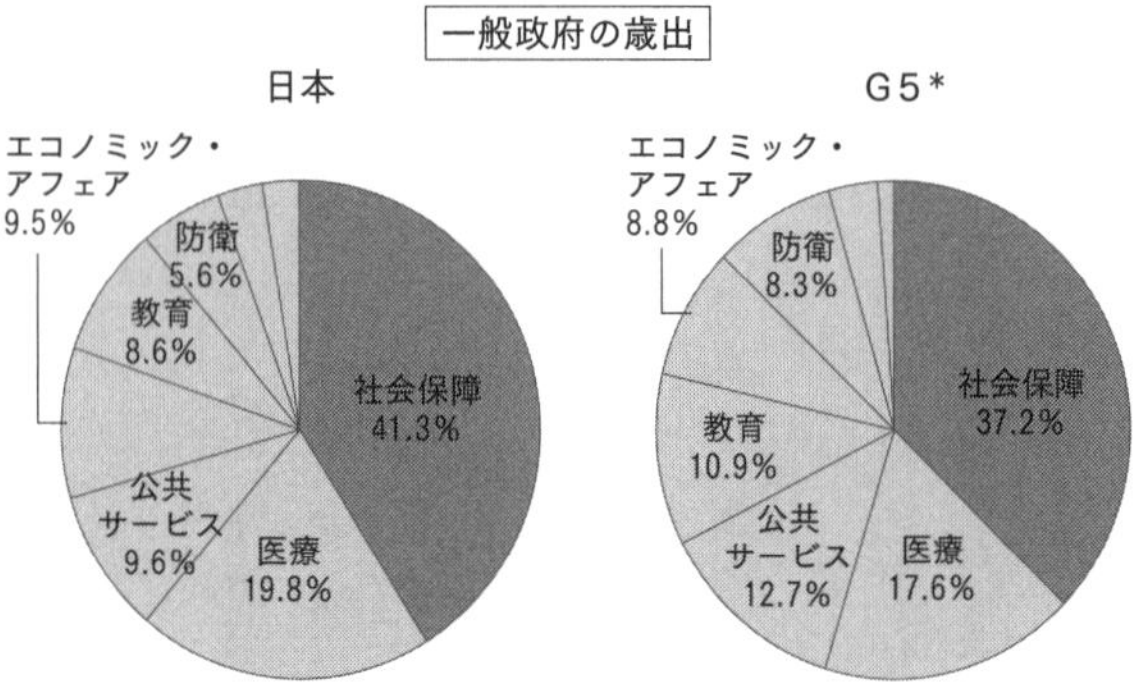

歳出に、債務償還費を含めない。

*：フランス、ドイツ、英国、イタリア及び米国の非加重平均

(出典)「OECD経済審査報告書：日本 2021」

比べて、歳出は過大に、歳入は過少になっています。まるで「ワニのくち」を大きく見せようとしているかのようです。財務省は、日本の財政の信認を守りたいと言っているのに、どうして、わざわざ国際標準に反して財政赤字を過大に見せる計上の仕方をしているのか、理解に苦しみます。

念のため付言しておくと、ＯＥＣＤの経済審査報告書は、本書の立場とは異なり、日本の財政の持続可能性を懸念しており、消費税率の引上げすら提言しています。であれば、なおさら、財務省は、ＯＥＣＤにならって、歳出から国債償還費を除き、歳入に社会保険料を含めて表記しても何の問題もないと言えるでしょう。

④プライマリーバランス黒字化目標

興味深いことに、朝日新聞（２０２３年1月12日付）によれば、財務省は、２０１９年に60年償還ルールの廃止を一時検討していたものの、「省内にも財政規律が緩むとの慎重論があり、お蔵入りとなった」とのことです。

同じ記事の中で、この60年償還ルールの見直しについて、慶應義塾大学の土居丈朗教授

歳出に、債務償還費を含める。

当初予算（通常分＋臨時・特別の措置）　（単位：億円）

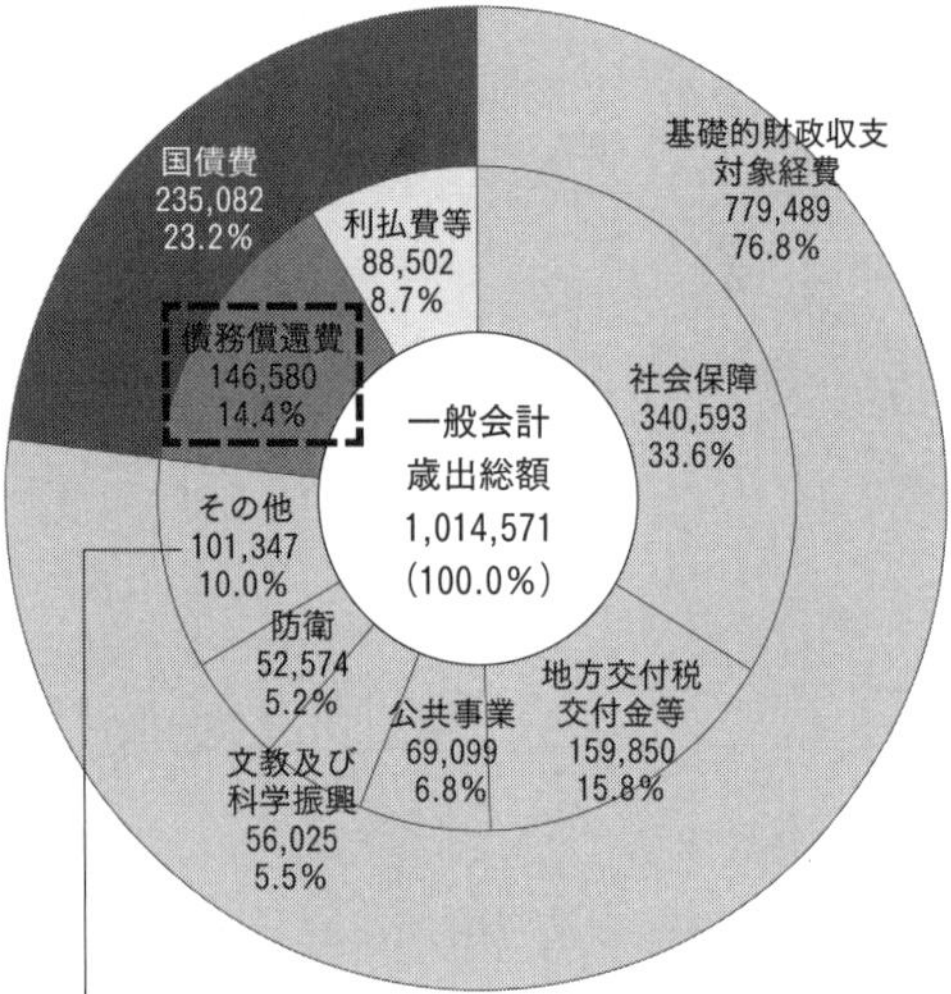

食料安定供給	9,823	(1.0%)
エネルギー対策	9,760	(1.0%)
経済協力	5,021	(0.5%)
恩給	2,097	(0.2%)
中小企業対策	1,790	(0.2%)
その他の事項経費	67,856	(6.7%)
予備費	5,000	(0.5%)

※「基礎的財政収支対象経費」とは、歳出のうち国債費を除いた経費のこと。当年度の政策的経費を表す指標。

※「一般歳出」（＝「基礎的財政収支対象経費」から「地方交付税交付金等」を除いたもの）は、619,639(61.1%)。うち社会保障関係費は55.0%

図21 一般政府の歳入と歳出の構成(2019年度予算/財務省表記)

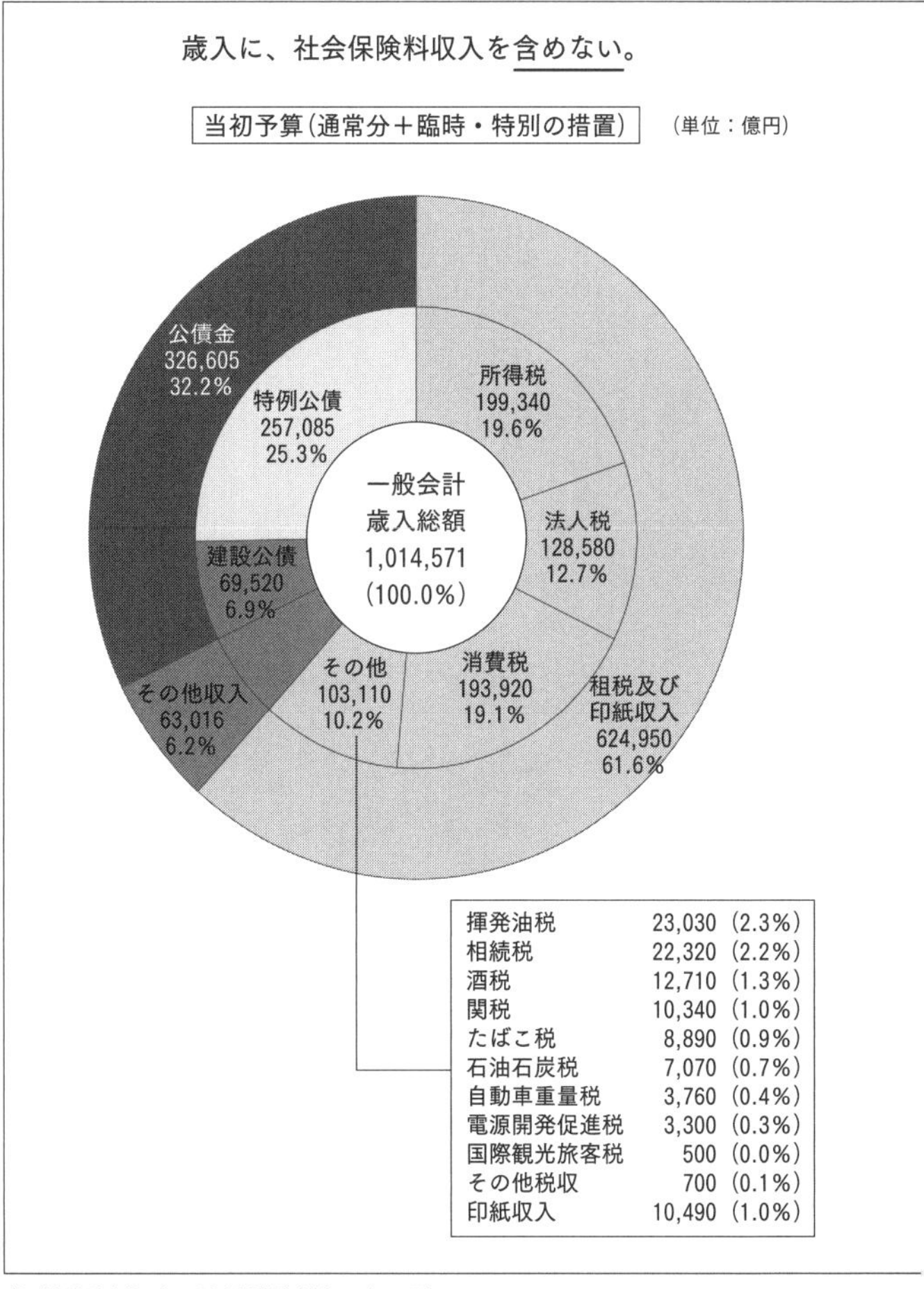

(出典)財務省「日本の財政関係資料(2019年10月)」

は「米国は議会が政府債務に上限を設け、ドイツは国債発行を例外とするなど日本より厳しい財政規律のルールがある。日本では60年償還ルールがそれにあたり、見直す場合には他の規律を考える必要がある」と指摘しています。

しかし、この指摘は、間違っています。

確かに、アメリカでは、政府債務の上限が法定されていますが、議会の承認が得られれば、上限を超えて国債を発行することができます。

また、ドイツは、憲法（基本法）によって、連邦政府は、対GDP比財政収支を原則マイナス0・35％以内にしなければならないと定めています。ただし、不況時には新規国債発行の増加が認められ、好況時にはその減少（または財政収支の黒字化）が求められるといったように、景気の好不況に配慮しています。さらに「自然災害又は国家の統制が及ばず、国家財政に甚大な影響を与える緊急非常事態の場合」には、財政ルールの適用を停止できることとされています。実際、２０２０年とその翌年には、コロナ禍に対応するため、この一時停止措置が発動されました。

日本においても、アメリカやドイツと同様に、法定の財政規律が存在しています。それは、財政法です。

財政法

第四条　国の歳出は、公債又《また》は借入金以外の歳入を以《もっ》て、その財源としなければならない。但《ただ》し、公共事業費、出資金及び貸付金の財源については、国会の議決を経た金額の範囲内で、公債を発行し又は借入金をなすことができる。

二　前項但書《ただしがき》の規定により公債を発行し又は借入金をなす場合においては、その償還の計画を国会に提出しなければならない。

三　第一項に規定する公共事業費の範囲については、毎会計年度、国会の議決を経なければならない。

財政法第四条は、国債発行を例外とし、発行する場合には国会の議決を経なければならないと定めています。これは、国債の発行には議会の承認を必要とするという意味ではアメリカと遜色《そんしょく》なく、また、国債発行が例外であるという意味においてドイツと同様の財政規律です。

このように、**日本において、アメリカやドイツの財政規律に対応するのは、財政法第四条であり**、60年償還ルールではありません。そして、60年償還ルールは、アメリカやドイツその他の主要先進国には存在していません。

したがって、60年償還ルールを廃止したところで、新たに他の財政規律を導入する必要はありません。

さらに日本の場合には、財政法第四条に加えて、閣議決定により、プライマリーバランス黒字化目標という財政収支ルールが課せられています。

これは、ドイツの財政収支のルールと同じようにも見えますが、以下の3点において、**ドイツよりも厳しい財政規律**となっています。

第一に、ドイツのルールは、財政収支の**対GDP比**を目標として設定しています。したがって、たとえば、財政支出を拡大してもGDPが成長した場合には、数値は改善するという余地があります。

これに対して、日本のプライマリーバランス黒字化目標は、対ＧＤＰ比ではないため、ＧＤＰが成長することで数値が改善するという余地がありません。このため、日本の場合は、ドイツとは異なり、経済成長を促すような財政支出の拡大すら、許容されないのです。

ちなみに、**財政収支のルールを財政規律にする場合は、対ＧＤＰ比財政収支とするのが一般的**であり、ＥＵ諸国も対ＧＤＰ比財政収支のルールを採用しています。**日本の対ＧＤＰ比ではない「プライマリーバランス黒字化目標」の財政規律こそガラパゴス**と言えるでしょう。

第二に、すでに述べたように、ドイツの財政収支ルールは、不況の際は新規国債の発行が許容される仕組みになっています。

これに対して、日本は、長期のデフレ不況の中でも、頑《かたく》なにＰＢ黒字化目標を維持してきました。もちろん、60年償還ルールも堅持しています。

第三に、これもすでに述べたように、ドイツの財政収支ルールは、緊急事態においては停止することが許容されており、コロナ禍においては実際に停止されました。しかし、日本は、コロナ禍においても、プライマリーバランス黒字化目標も60年償還ルールも堅持しています。

以上をまとめると、日本において、アメリカやドイツにおける財政規律に対応するのは財政法第四条であって、60年償還ルールではありません。そして、アメリカやドイツの財政規律は、日本の財政法第四条よりも厳しいとは言えません。それどころか、日本には、プライマリーバランス黒字化目標や60年償還ルールといった、ドイツの財政規律よりもはるかに厳しく、かつ経済情勢に対する配慮を欠いた財政規律が存在しています。このように、土居教授の指摘は、何から何まで間違っているのです。ところが、そんな土居教授が、政府の財政制度等審議会財政制度分科会の委員を務めているのです。

また、日本政府は、60年償還ルールや国債償還費の歳出への計上や、社会保険料の歳入からの除外といった、ガラパゴスな財政運営を行なっています。さらに、日本のプライマリーバランス黒字化目標は、対GDP比財政収支のルールではないという意味において、ガラパゴスの財政規律であることも明らかとなりました。

なお、念のため付け加えておくと、私は、アメリカやドイツのような財政規律を日本に導入すべきだと考えてはいません。これまで述べたように、日本は、機能的財政に則り、経済に与える影響を基準にして財政運営を行なうべきなのであり、政府債務の上限も、対GDP比財政収支のルールも必要ありません。

そもそも、国によって経済や財政の制度や状況が異なる以上、その国固有の経済政策や財政運営というものがあってしかるべきです。自国の経済や財政の制度や方針がガラパゴス、つまり自国独自のものであるからといって、他国に合わせて改めなければならないものでもありません。

ですが、どうしてもガラパゴスの財政運営を改めたいというのであれば、最低限、プライマリーバランス目標も60年償還ルールも撤廃すべきでしょう。歳出と歳入の項目も見直して、国際標準に合わせればよいでしょう。

百歩譲って、プライマリーバランス黒字化目標を残すのだとしても、せめてドイツにならって「対GDP比プライマリーバランス」の目標にすべきであり、また、不況時や緊急事態時には、適用を停止できるものとすべきでしょう。

そのほうが、財政規律による国民生活への悪影響を緩和するという意味で、現行のプライマリーバランス目標や60年償還ルールよりもはるかに優れているし、国際標準により合致しています。

それなのに、どうして、日本政府は、プライマリーバランス目標や60年償還ルールを見直そうとすらしないのでしょうか？

憲法第九条と財政法第四条

さて、前章からここまで、財政制度等審議会におけるMMT批判の資料や、矢野元財務事務次官の言説を題材にして、財務省の財政論がいかに支離滅裂なものであるかを明らかにしてきました。

特に矢野論文は、ひどかった。

日本の財政は破綻しませんが、矢野氏の財政論は完全に破綻しています。

それにしても、どうして日本の財務省は、ここまで頑なに、財政健全化に固執し、財政支出の拡大を嫌悪するのでしょうか。

その理由のひとつは、戦後の歴史にあるようです。

そもそも、１９４７年に公布された財政法は、財政の基本法と言うべき法律ですが、その第四条第一項の規定を、もう一度確認しておきましょう。

> 国の歳出は、公債又は借入金以外の歳入を以て、その財源としなければならない。但し、公共事業費、出資金及び貸付金の財源については、国会の議決を経た金額の範囲内で、公債を発行し又は借入金をなすことができる。
> （財政法第四条第一項）

このように、財政法第四条は、「但書」はあるものの、国の歳出の財源を国債に頼ってはいけないという健全財政が原則であると規定しています。

実は、この規定は、赤字財政は戦争につながるという論理から、憲法第九条の戦争放棄を裏書き保証するために、盛り込まれたものでした。しかも、そのことは当時、財政法の起案者となった大蔵省（現・財務省）法規課長である平井《ひらい》平治《へいじ》が認めているのです。

平井は、こう解説しています。

戦争と公債が如何《いか》に密接不離の関係にあるかは、各国の歴史を繙《ひもと》くまでもなく、我が国の歴史を観《み》ても公債なくして戦争の計画遂行の不可能であったことを考察すれば明らかである、又《また》我が国の昭和七年度以来の公債を仮に国会が認めなかったとするならば、現在の我が国は如何になっていたかいわずして明らかである。換言するならば公債のないところに戦争はないと断言し得るのである。従って、本条〔筆者注・財政法第四条のこと〕は又憲法の戦争放棄の規定を裏書保証せんとするものともいい得る。

(平井平治『財政法逐条解説』)

つまり、日本人が二度と戦争をしないようにするためには、戦力を保有できないようにする（憲法第九条）だけではなく、戦費を工面できないようにしてしまえ（財政法第四条）というわけです。

もちろん、財政法第四条第一項の但書にある通り、国会の議決を経れば建設国債を発行できますし、赤字国債も、国会で「特例公債法」を制定すれば発行できます。ですから、財政法第四条を改正しなければ、積極財政はできないということはありません。

また、財政法第四条のような財政規律のルールは、日本に限ったものではなく、他の主要先進国にも存在します。健全財政という封建主義的な呪縛にとらわれているのは、日本だけではありません。

ですが、先ほど述べたように、日本の場合は、財政法第四条に加えて、60年償還ルールだのプライマリーバランス黒字化目標だのといった、ガラパゴスのルールを自分で自分に課しています。そして、デフレ不況が続こうが、大震災に見舞われようが、コロナ禍になろうが、少子化が深刻になろうが、国防を強化しなければならなくなろうが、財政健全化に固執してきました。

これでは、まるで**自ら自国に経済制裁を課しているようなもの**ではないですか。

ここまでの異様な執着ぶりは、他の主要先進国では、考えられません。

もしかしたら、戦後の護憲派が、時代の変化にもかかわらず、「憲法第九条を守れ」と叫び続けているように、健全財政論者たちも財政法第四条の健全財政論を頑なに守り続けているのかもしれません。

おそらくですが、護憲派が憲法第九条を変えたら最後、日本人は侵略戦争に突き進んで破滅するのではないかと心配しているように、健全財政論者たちは、国債の発行を許したら最後、日本人は破滅への道へと突き進むのではないかという不安にかられているのでしょう。

先ほどの図14（102～103ページ）は、日本ほど極端な緊縮財政を続けている国は、他にはないことを示していました。実は、この中には、軍隊を持たない国も、日本以外にはありません。

そう考えると、健全財政論者の政治家や財務官僚たちの多くが、日本の財政破綻はあり得ないとうすうすわかっているにもかかわらず、頑なに積極財政を拒んでいる理由も、なんとなく見えてきます。

おそらく、彼らは、「日本人は、日本は財政破綻しないと知ってしまったら、破滅するまでバラマキ合戦を始めるに違いない」とでも思っているのでしょう。だから「由《よ》らしむべし、知らしむべからず」というわけです。またしても封建主義ですね。

図22 日本と中国の軍事支出(1990〜2020年)

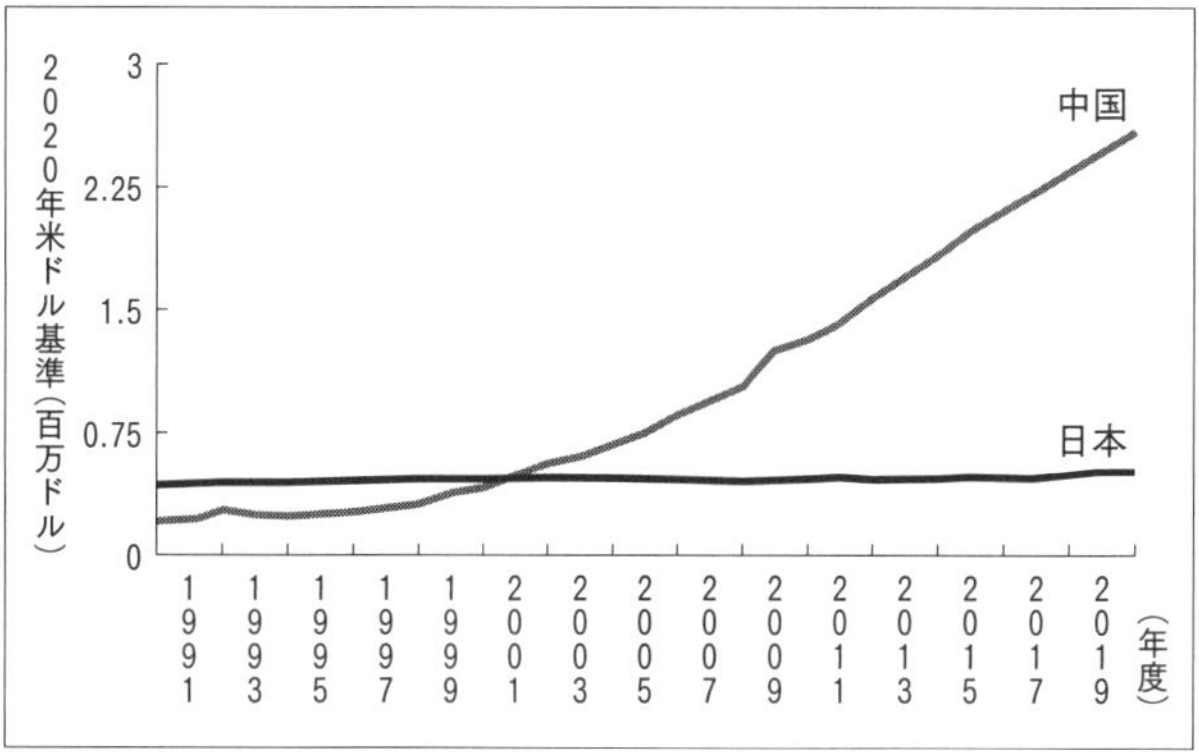

(出典)SIPRI Military Expenditure Database

いずれにせよ、日本は、憲法第九条と財政法第四条によって二重に拘束され、がんじがらめになった精神状態を80年近くも続けました。

その結果が如実に現れているのが、図22です。見てわかる通り、中国は過去20年の間に、軍事費をおよそ5倍に膨張させていたというのに、その間、日本の防衛費は、ほぼ横ばいでした。それどころか、防衛費を削減していた時期すらありました。今や、日本の防衛費は、中国の軍事費の5分の1程度しかありません。

その結果、東アジアの軍事バランスは完全に崩れ、中国優位に傾きました。軍事バランスが崩れると、戦争が勃発するリスクが高まります。皮肉な話ではありますが、日本の憲法第九条の平和主義と財政法第四条の健全財政主義が、戦争のリスクを高めたということです。

こうして2022年、日本は、ついに、防衛費を大幅に拡充しなければならないという事態に陥りました。

憲法第九条と財政法第四条の問題が、いっぺんに噴出してしまったというわけです。

我が国は、まさに歴史的に大きな岐路にさしかかっているのです。

第十章 歴史の教訓

朝日新聞の社説

朝日新聞が社説（２０２２年12月15日）で、国債を発行して、防衛費の財源に充てることに強く抗議しています。「借金頼みの『禁じ手』を認めれば、歯止めない軍拡に道を開く」からだというのが、その趣旨です。

朝日新聞は次のように書いています。抜粋してみましょう（太字強調は筆者）。

> 戦後日本は、巨額の財政赤字を借金でまかないつつも、防衛費への充当は控えてきた。国債発行による軍事費膨張が悲惨な戦禍を招いた反省からだ。（中略）今回の国債は、老朽化した隊舎など自衛隊の施設整備に充てるという。だが、**いったん国債を財源と認めれば**、将来、戦車や戦闘機、隊員の人件費へと**使途が止めどなく広がるおそれが強い**。敵基地攻撃能力の保持に加え、**財政上の制約までなくせば、防衛力の際限なき拡大への歯止めがなくなる**だろう。戦前の日本は１９３６年の２・２６事件以降、国債発行による野放図な軍拡にかじを切った。それを担った馬場えい一《いち》蔵相は、「私は国防費に対して不生産的経費という言葉は使わない」と言い放っている。投資を名分に防衛費を国債でまかなうのは、これと相似形ではないか。

（『朝日新聞』社説2022年12月15日）

このように、朝日新聞は、戦前の歴史に言及しつつ、国債の発行は、戦争への道を開くと主張するのです。もっとも、このような歴史観は、朝日新聞に限ったものではなく、広く信じられています。

たとえば、前章において参照した財政法第四条も、同じ歴史観にもとづいて規定されたものと言えるでしょう。

国債発行は戦争への道につながる。この歴史観は、非常に根深く浸透しています。

さて、朝日新聞は、これまでも財政健全化を主張し、防衛費の拡充を目的としない財政支出であっても、その拡充には反対してきました。先ほどの社説でも、こう書いています。「財政規律は、ひとたび失われると回復が極めて困難になる。巨額の国債を発行し続ける戦後の財政の歩み自体がそのことを示しているはずだ」

もちろん、本書をここまでお読みいただき、信用貨幣や資本主義の仕組み、機能的財政を理解した読者の方々は、国債の発行や財政赤字は懸念すべきものではなく、むしろ必要なものであることをご存じでしょう。

そういう読者の中には、「朝日新聞やそのほかの健全財政論者に、信用貨幣や資本主義の仕組み、あるいは機能的財政を知ってもらえば、考え方を変えるのではないか」と思われる方もいるかもしれません。

ですが、そういう議論は、朝日新聞には通用しません。

なぜなら、朝日新聞が国債の発行に反対している理由は、財政が破綻するか・しないか、日本経済に悪影響を与えるか・与えないか、ではないからです。

この社説にあるように、国債の発行は悲惨な戦争への道を開くから、反対しているのです。つまり、朝日新聞は、平和主義の立場から、国債の発行に反対している。ですから、貨幣や資本主義の議論をしても、意味がないわけです。

これでは、いくら説得力のある経済理論を示して国債発行の意義を説いたところで、朝日新聞には、侵略の野望を抱く軍国主義者の言い訳にしか聞こえないのではないでしょうか。

このように、我が国における財源論は、もはや経済学や財政学の問題ではなくなっているのです。

財政規律と国民の安全と、どちらが大事か

朝日新聞は、戦前の日本の歴史を引き合いに出して、国債の発行は戦争への道につながると主張しています。

経済理論ではなくて、歴史が問題なのです。

そこで、歴史を調べ直してみることにしたいと思います。

ただ、その前に、普通に考えてみてください。

そもそも、いったん、国家が戦争を決意したら、その戦争を財政規律で止めることなど、できるのでしょうか。

できるわけがありません。

なぜなら、**戦争を決意した国家は、財政規律が戦争遂行の妨げになっているというのであれば、それをあっさりと撤廃する**だけの話です。財政規律を優先して戦争をあきらめるなどということは、しないのです。

その戦争が、他国による侵略から自国を守る「自衛戦争」であれば、なおさらのことでしょう。

たとえば、ロシアの侵攻を受けたウクライナが、財政規律を理由に、降伏すると思いますか？　するはずがありません。実際、ウクライナは、他国から武器や資金の供与を受けながら、戦い続けています。

そのようなことは、すこし考えればすぐにわかるはずです。

国家は、仮に財政破綻に陥ったとしても滅亡するわけではありません。アルゼンチンやギリシャ、最近ではレバノンなど、財政破綻（債務不履行）に陥った国はありますが、これらの国々は滅亡したわけではありません。

しかし、自衛戦争で敗北したら、国家は滅亡するか、あるいは主権を奪われて従属国家になるのです。ですから、国防のために、財政支出を惜《お》しんだり、政府債務の拡大を恐れたりするはずがありません。


というわけで、国債の発行を禁止すれば戦争にはならないなどということは、考えにくいのです。

そのような事例は、歴史から見つけられます。

たとえば、欧米諸国は、第一次世界大戦まで、金本位制の下に服していました。

第六章で述べたように、金本位制は、財政規律を強く要求する制度的な仕組みになっています。そして、当時は、金本位制や健全財政は、文明の基礎であると固く信じられていました。

ところが、第一次世界大戦が始まったら、どうなったでしょうか。

参戦国は、軍事費拡張の妨げとなる金本位制を次々と離脱してしまったのです。そして、世界大戦が終わって平和が戻ると、各国は金本位制に復帰しました。

このように、**金本位制という制度的な財政規律には、第一次世界大戦を抑止する効果などまったくなかった**のです。

最近でも、戦争ではありませんが、似たような事例があります。

たとえば、健全財政の模範とされるドイツは、憲法で、財政赤字をGDPの0・35％までに制限する財政規律を規定していました。

ところが、新型コロナウイルス感染症のパンデミックが勃発した2020年から2022年まで、**ドイツは、この憲法の財政規律条項の一時停止**を決定しました。コロナ対策の支出のために財政赤字の拡大が必要になったからです。

言うまでもありませんが、ドイツは、財政規律などより、国民をコロナ禍から救うことを優先したのです。

また、ＥＵも、安定・成長協定（ＳＧＰ）によって、予算年次ごとの財政赤字をＧＤＰ比３％以内に抑えるとともに、「政府債務残高／ＧＤＰ」が60％を超えないことを加盟国に求めていました。ところが、２０２０年３月、パンデミック対策を理由に、**このルールの一時停止**（一般免責条項の発動）に踏み切ったのです。

この財政規律条項の適用再開は２０２３年とされていましたが、引き続き停止する模様です。その理由は、もちろん、ウクライナ戦争によって経済が打撃を受けたからです。

ちなみに、これもすでに指摘したことですが、ドイツをはじめとして、共通通貨ユーロを採用する国々は、自国通貨を放棄してしまっています。ですから、日本のように、自国通貨を発行する国とは違って、財政破綻（債務不履行）に陥るリスクはあります。その意味では、財政赤字の拡大を恐れ、憲法や国際条約で財政規律を規定していることは、わからないでもありません（もっとも、自国通貨を放棄してユーロを採用したこと自体は、大きな間違いだったとは思いますが）。

それでも、ドイツやＥＵは、財政規律条項の停止に踏み切ったのです。

このように、**国家というものは、国民の安全を守ることを最優先とする存在**です。

国民の安全を守るためならば、国家は、何だってやります。国債の発行はもちろん、海外から資金を借りることすら厭《いと》いません。むしろ、そうでなければ、国民は困るでしょう。

だから、ドイツのように憲法で決めようが、EUのように国際条約で決めようが、財政規律ごときで、国民を守ると決意した国家の財政拡張の意志を制約することなど、できるわけがないのです。

資本主義の仕組みを理解していた高橋是清

さて、朝日新聞は、しきりと戦前の歴史を持ち出し、日本が国債発行を許したことで、軍事費に歯止めが利かなくなり、戦争に向かったのだと強調しています。

しかし、その戦前の日本の歴史を振り返っても、健全財政が戦争を抑止できたかと言えば、そのようなことはなかったことがすぐに判明します。

具体的に見てみましょう。

第一次世界大戦をきっかけに、各国が金本位制を離脱する中、日本も１９１７年に金輸出を禁止し、金本位制から離脱しました。しかし、戦後、各国が金本位制に復帰する中、日本は１９２７年に金融恐慌に見舞われたこともあって、復帰が遅れていました。

１９２９年に成立した浜口《はまぐち》雄幸《おさち》内閣は、金解禁（金本位制への復帰）を目指しました。そして、井上《いのうえ》準《じゅん》之助《のすけ》を大蔵大臣に任命し、緊縮財政を実行し、１９３０年に金解禁を断行しました。

しかし、かの満州事変は、井上蔵相による緊縮財政の下にあり、金本位制への復帰を果たした後の１９３１年９月に、勃発しているのです。

満州事変という戦争への道が始まった時、日本は厳格な財政規律を守っていたのです。

さて、浜口雄幸と井上準之助が断行した健全財政は、昭和恐慌を引き起こしてしまい、浜口は暗殺されました。

浜口の経済政策は第二次若槻《わかつき》礼次郎《れいじろう》内閣に引き継がれましたが、１９３１年12月、犬養《いぬかい》毅《つよし》内閣が成立し、高橋是清《たかはしこれきよ》が大蔵大臣に任命されると、大きな方向転換が行なわれました。

かねてより、浜口・井上の金解禁や緊縮財政に反対していた高橋蔵相は、金本位制から離脱して、積極財政へと転じ、国債を発行したのです。

いわゆる「高橋財政」です。

図23 高橋財政の実績

	年	歳入／GNP(%)	歳出(うち軍事費)／GNP(%)
高橋財政	1931	10.2	9.4 (3.4)
高橋財政	1932	9.5	12.1 (5.0)
高橋財政	1933	9.4	12.3 (5.4)
高橋財政	1934	8.3	10.4 (5.5)
高橋財政	1935	8.1	9.9 (5.6)
高橋財政	1936	8.5	9.5 (9.4)
	1937〜41	10.9	26.1 (20.9)

(出典)鎮目雅人『世界恐慌と経済政策──「開放小国」日本の経験と現代』(日本経済新聞出版社)

高橋は、１９３２年から１９３６年までの間に、図23のように、ＧＮＰ（国民総生産）の５％を超える財政出動を継続しました。

高橋財政の成果は目覚ましいものでした。

１９３１年から１９３６年にかけて、国民所得は60％増加し、１９３６年には完全雇用を達成しましたが、消費者物価は18％しか増加せず、物価は安定していました。

こうして日本は、世界恐慌の下にあった当時、世界で最も早く恐慌から脱出することに成功したのです。

高橋財政は、もちろん財政赤字の拡大をもたらしました。このため、当時、財政赤字の拡大を心配して、増税を求める声が上がっていました。

当時の大蔵省も、増税を求めていました。

しかし、高橋は次のように反論して、増税を認めませんでした。

しかしながら現内閣が時局匡救《きょうきゅう》、財界回復のために全力を傾注しつゝあるこの際、増税によりて国民の所得を削減し、その購買力を失はしむることは、折角《せっかく》伸びんとしつゝある萌芽を剪除《せんじょ》するの結果に陥るので、相当の期間までこれを避《さ》くるを可なりと認めたる次第であります。

（高橋是清『経済論』）

これは、1933年における高橋の発言です。長期のデフレ不況で、国民の所得が減り、その購買力が失われている中で、繰り返し消費増税を行ない、今も増税を検討しているような現代日本の政治家たちとは、雲泥の差ですね。

ちなみに、第一章で、信用貨幣論について解説しましたが、高橋是清は、信用貨幣論をおおむね理解していました。なお、次の引用にある「信用通貨」とは「銀行預金（預金通貨）」のことを指しているものと思われます。

そもそも通貨には世人の所謂《いわゆる》現金通貨のほかに、信用通貨ある事を閑却すべからず。

この二者の割合は日露戦役の当時にありては、英国において信用通貨九割五分、現金通貨五分の割合に対し、日本においては信用通貨六割五分、現金通貨三割五分の割合を保ちしが、爾来《じらい》わが信用取引も漸次《ぜんじ》発達を遂げ、今や信用通貨八割四分、現金通貨一割六分の割合となれる故《ゆえ》、金利引上げ政策によりて通貨の収縮を図らんとせば、現金通貨のみならず、同時に信用通貨をも収縮せざるべからず。（同書）

したがって、高橋は、通貨というものが需要によって創造されるということも理解していました。

今日は各国ともにこの通貨といふものは経済社会の需要によつて出るのであつて、要《い》らぬ通貨といふものは一つも世の中に出てをらないので、経済社会で必要のない通貨はたちまちその国の中央銀行、もしくはアメリカの如き中央銀行のないところにおいては資本の中心たるニューヨークに皆集まつてくるのであります。一つとして世の中に用をなさない通貨はないのであります。だんだん研究の結果、物価の騰貴といふものは他に種々の原因があつて、これをなしてをるので、その物価の騰貴がまた通貨を多く需要するやうになつてきたのであります。決して通貨が多いから物価が騰貴した

ものでない。といふことにほとんど今日では決まつてゐるのであります。（同書）

高橋が、積極財政という結論に至ったのは、彼が貨幣や資本主義の仕組みについて、理解していたからなのです。

貨幣とは何かも知らず、封建領主のような健全財政論を振り回して、「やむにやまれぬ大和魂！」などと喚いている某財務事務次官とは、格が違います。

さらに高橋は、１９３４年に、次のように説いています（太字強調は筆者）。

> 国際関係、ことに世界の経済関係、発明のために事業と、運輸交通の事業、その他百般の工業が起るといふことのない時代においては、政治はただ、その時の行政費を賄へばよろしかつた。その時には財政も入るを計つて出づるを制することが十分必要であった。しかし今日の如く政府自ら事業をなし、あるいは民間の事業を助けていかねばならぬ――各国経済の競争場において負けてはならぬことになつて、歳出はただ一般の行政費だけで済ますことが出来なくなつた。ここにおいて事実上**入るを計つて出づるを制するといふことが行はれない時代**になつてきたのである。（中略）もしそれ

がいかぬといつてただ**納税のみによつて政府の仕事をすることになれば、国際間の経済競争に落伍者となるよりほか仕方がない。**今日の時勢の変化からこれはよほど研究すべき価値がある。（同書）

これを、本書にならって言えば、信用創造機能を持つ資本主義の時代に、政府が封建領主のような財政運営をしていたのでは、「国家間の経済競争に落伍者となるより仕方がない」となります。

そして、**今日の日本は、高橋の警告の通り、国家間の経済競争の落伍者となりました**（102〜103ページの図14参照）。

増税を要求していた日本陸軍

しかしながら、高橋是清は、２・２６事件で暗殺されてしまいました。

高橋は、高橋財政の末期、軍部からの軍事費の要求を拒否して、軍部と激しく対立しましたが、それが暗殺の引き金になったのではないかとも言われています。

そして、高橋亡き後、日本は軍事費の拡張を加速させ、戦争への道を突き進んでいくことになります。朝日新聞が「戦前の日本は１９３６年の２・２６事件以降、国債発行による野放図な軍拡にかじを切った」と書いているのは、そのことを指しています。

しかし、朝日新聞が見落としている史実があります。

確かに、**軍部は、軍拡をもくろんでいましたが、同時に、その財源を確保するため、増税も要求していた**ということです。

高橋財政の時、荒木貞夫《あらきさだお》陸軍大臣は、軍事費の拡張のための財源を確保するため、高橋蔵相に対して、増税を要求していました。

しかし、高橋は、増税を拒否したのです。

この史実が示していることは、財政規律を重視し、国債の発行を禁じたところで、増税によって国民から資金を強制的に徴収し、財源とすれば、軍事費を膨張させ、戦争を始めることはできるということです。それは、第四章で述べた通り、貨幣を創造できない封建領主が戦費を調達する時と同じやり方です。

ちなみに、増税のほかにも、財政規律を守りつつ、軍事費の財源を確保し、戦争を始める方法はあります。

たとえば、他国を侵略して富《とみ》を収奪して軍事費に充当するという手があります。これについても、歴史上の例があります。

かのナポレオンは、実は、健全財政論者であり、国債の発行による戦費調達を嫌っていました。その代わりにナポレオンは、他国から富を収奪して戦費の財源とするべく、侵略を繰り返したのです。この場合、**財政規律は侵略を抑止するどころか、むしろ、その原因となっています。**

健全財政論者が侵略者となった例として、朝日新聞は、ナポレオンの名を記憶しておくべきでしょう。

侵略以外にも、植民地から富を搾取して、軍事費の財源にするという方法もあります。これは、帝国主義に典型の手法にほかなりません。帝国主義的な植民地支配もまた、健全財政と何も矛盾していません。

要するに、国家というものがいったん戦争を決意したら、国債の発行を禁じたところで、ほかの戦費調達手段を見つけて、戦争を始めるだろうということです。

歴史の反省

朝日新聞は「国債発行による軍事費膨張が悲惨な戦禍を招いた反省」などと書いています。

しかし、反省すべき点があるとすれば、戦争の原因についてであるべきでしょう。国債発行それ自体が、戦禍の原因というわけではありません。

それに、これまで述べた通り、国債発行を禁じれば悲惨な戦禍が防げたはずがありません。

それどころか、実は、朝日新聞には不都合なことに、**戦前日本の軍国主義化の遠因は、健全財政にあった**のです。

すでに述べたように、1929年に成立した浜口雄幸内閣は、井上準之助を蔵相に任命し、金解禁（金本位制への復帰）を成し遂げるため、緊縮財政を断行しました。

しかも、浜口と井上は、世界恐慌が始まっていたにもかかわらず、1930年1月、金解禁を実行してしまったのです。

その結果、昭和恐慌が勃発し、倒産や失業が急増して、悲惨なことになりました。とりわけ、農民と中小企業者は深刻な打撃を受けました。

それにもかかわらず、井上蔵相は、金本位制という財政規律を維持し、頑なに健全財政路線を守り続けました。朝日新聞から賞賛されそうですね。

その結果、大変なことになりました。

昭和恐慌によって、困窮し、没落した中間層は、自分たちを見捨てた政府を見限り、過激な労働運動や右翼的な運動へと走ったのです。

そうした彼らの不満や不安あるいは怒りの受け皿になったのが、軍部です。

こうして軍部が台頭し、日本は軍国主義への道を歩んでいったのです。

ちなみに、恐慌によって中間層が没落し、国民の思想が過激化して、全体主義が生まれるという現象は、日本に限ったものではありません。

たとえば、同時代のドイツにおけるナチスの台頭も、同様の現象として解釈されます。

このように、**戦争への道を開いたのは、浜口内閣の健全財政路線とそれが引き起こした恐慌**だったのです。

苦境にある国民を救うことよりも、財政規律を優先させ、国債発行を禁じ手とするような頑迷な健全財政のイデオロギーこそが、悲惨な戦禍を招いた。

これが、本当の歴史の教訓なのです。

ところが、朝日新聞は、その歴史を改竄《かいざん》し、まったく逆の解釈を導き出したというわけです。

そして、この歪《ゆが》められた歴史は、前章で述べた通り、財政法第四条の中にも埋め込まれて、今日もなお、日本国民を拘束しているのです。

終戦直後のインフレ

「国力としての防衛力を総合的に考える有識者会議」は、防衛費の財源確保のための国債発行を否定しましたが、その根拠として、終戦後のインフレという「歴史の教訓」を挙げています。

歴史を振り返れば、戦前、多額の国債が発行され、終戦直後にインフレが生じ、その過程で国債を保有していた国民の資産が犠牲になったという重い事実があった。第二次大戦後に、安定的な税制の確立を目指し税制改正がなされるなど国民の理解を得て歳入増の努力が重ねられてきたのは、こうした歴史の教訓があったからだ。

（国力としての防衛力を総合的に考える有識者会議「報告書」）

このように、終戦直後のインフレを根拠に、国債の発行を否定するという「歴史の教訓」も、朝日新聞の、国債発行が戦争につながるという「歴史の教訓」同様、しばしば、引き合いに出されてきたものです。

日本経済新聞も、有識者会議の提言を引用しつつ、こう書いています。

「安定した財源の確保」「幅広い税目による負担」を掲げて「国債発行が前提となることがあってはならない」とくぎを刺した。根っこにあるのは先の大戦での苦い経験だ。戦争初期に設けた「臨時軍事費特別会計」は、会計期間を区切らず国会の監視がないままに国債の発行を重ねた。結局、終戦までの8年あまり借金を膨らませ続けた。国の債務残高は終戦直前には国民総生産（GNP）比で200％を超えるまでに増大した。戦争による生産設備の破壊なども重なり、戦後にはハイパーインフレが生じる。国債は紙くず同然となり「国民の資産が犠牲になった」。今、政府債務残高は国内総生産（GDP）比で250％を突破し、終戦直前の水準を上回る。新型コロナウイルス禍の歳出膨張で短期国債の比率が高くなり、金利変動にもろくなっている。

（『日本経済新聞』2022年12月2日）

確かに、第二次世界大戦直後、日本は激しいインフレに襲われました。

この激しいインフレに対しては、当時、対策として、預金封鎖や新円切替、財産税などの強行措置、さらには1949年にGHQの経済顧問となったジョセフ・ドッジによる厳格な緊縮財政（いわゆる「ドッジ・ライン」）が行なわれました。

歴史の証言

では、この終戦直後の激しいインフレは、どうして起きたのでしょうか。

終戦直後のインフレ処理を実際に経験した大蔵官僚の証言を聴いてみることにしましょう。その大蔵官僚とは、後に、高度成長を実現した池田勇人《いけだはやと》内閣のブレーンとして活躍した**下村治**《しもむらおさむ》です。

終戦直後の激しいインフレの原因について、下村は、次の3つを挙げています。

第一は、戦争による**「異常な生産力破壊という状況」**にあったことです。

これについては、日本経済新聞も、「戦争による生産設備の破壊なども重なり、戦後にはハイパーインフレが生じる」と書いています。

第二は、**当時の税務当局の徴税力に欠陥**があったことです。

これについては、通貨が「お金」として受け入れられているのは、それが政府の納税手段だからだという第三章の議論が思い出されます。通貨の価値を支えているのは、国家の徴税権力だということです。したがって、国家の徴税権力が弱ければ、通貨の価値も暴落し、激しいインフレになる。終戦後の激しいインフレは、それを証明していると言えるでしょう。

第三は、当時は労働組合の政治力がきわめて強く、**賃金上昇圧力が過大**であったため、というものです。

この3つの原因のうち、最大のものは、戦争による生産力の破壊がもたらした供給不足であると下村は判断しています。つまり、**終戦直後のインフレは、第六章で説明した「コストプッシュ・インフレ」**だということです（143ページの図17②参照）。

インフレというのは、需要と供給のギャップによって起きます。

したがって、戦争で破壊されて乏しくなった供給力に合わせて、需要も縮小すれば、需要と供給のギャップがなくなるので、理論上は、インフレは収まります。

しかし、需要を縮小するということは、消費や投資を減らすということですから、生活水準を著しく低下させることになります。要するに、インフレを収めるために、国民を貧困化させようというやり方ですから、これは、本末転倒と言うべきでしょう。

そこで、下村は、**「実際の生活水準を落とすのではなく、生産力を高めて生活水準に適合させていくというのが現実的な方策」**であると考えました。

つまり、低下した供給に合わせて需要を減らすのではなく、需要に合わせて供給を増やすという考え方です。これであれば、需要と供給のギャップがなくなってインフレが収まるだけでなく、供給力が向上するので、経済は成長し、国民はむしろ豊かになります。

これについては、当時、大蔵大臣であった**石橋湛山《いしばしたんざん》**も同じ考えでした。

インフレの原因は需要過多ではなく、供給過少にあると診断した石橋蔵相は、政府の資金を生産部門に投入して、供給力を増強しようとしたのです。

この石橋湛山の積極的な財政金融政策について、下村は、需要増による一時的なインフレの悪化という弊害はあるものの、生産力を強化するものであるとして、これを支持したのでした。

これに対して、下村は、緊縮財政によってインフレを克服しようというジョセフ・ドッジの手法に対しては、否定的でした。言うまでもなく、ドッジの考え方は、緊縮財政によって需要を減らして供給とのギャップをなくす、つまり、国民の生活を犠牲にしてインフレを収束させようとするものだからです。それに、そもそも、ドッジが着任する以前に、すでにインフレは収束に向かっていたので、緊縮財政は必要なかったのです。

この終戦後のインフレ処理の経験から、下村が得た「歴史の教訓」とは、インフレというものは**「どうにもならないんじゃなくて、おさめるための努力を本気でやっておれば、それはうまくいく」**というものであり、そして**「生産増強以外にインフレ収束の途はない」**というものでした。

つまり、歳出削減や増税によって需要を削減するのではなく、むしろ**積極財政によって供給力を増強し、実体経済の需給不均衡を解消するのが、正しいコストプッシュ・インフレ対策**だということです。

これは、第六章で私がコストプッシュ・インフレ対策として論じた考え方と、まったく同じものです。

奇妙な論理

以上のように、終戦直後の激しいインフレの最大の原因は、戦争によって生産設備が破壊され、供給能力が著しく不足したことです。

端的に言えば、戦争に敗けたから、激しいインフレになったということです。

そうだとすると、どうして、終戦直後の激しいインフレという歴史から、「国債発行が前提となることはあってはならない」という教訓が引き出せることになるのでしょうか。意味がわかりません。

終戦直後の激しいイ[illegible]

図24 終戦直前と現在の対GDP比政府債務残高

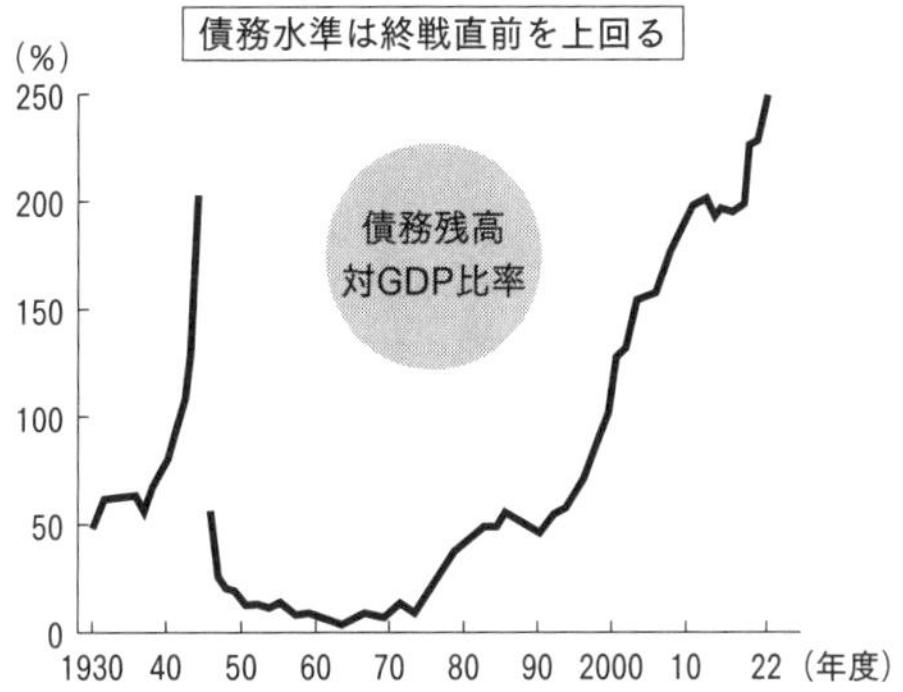

(注)財務省公表資料から作成。1945年度は算出不能。
1954年度以前はGNP比、22年度は見通し

(出典)「防衛費、なぜ安定財源？　巨額国債で破綻した歴史の教訓」(『日本経済新聞電子版』2022年12月2日)

敗けて、供給能力を失ってはならない」ということであって、「国債を発行してはならない」ではないでしょう。

国債の発行が激しいインフレをもたらしたのではないからです。

日本経済新聞は、終戦直前の対ＧＤＰ比政府債務残高が２００％に達したが、今日では、それが２５０％を超えたと指摘しています（図24）。

日本の対ＧＤＰ比政府債務残高は、すでに10年前の２０１１年には、終戦直前の２００％と同水準に達していました。しかし、それから10年間、日本は激しいインフレどころか、デフレないしはディスインフ

レでした。2022年はインフレになりましたが、終戦直後のような激しいものではないし、そもそも、このインフレは政府債務の肥大化のせいではないことは、第六章で述べた通りです。

だとしたら、この歴史から引き出すべき教訓は、**「対GDP比政府債務残高の水準とインフレとは関係がない」**ということのはずでしょう。

日本経済新聞は、戦前の日本が「終戦までの8年あまり借金を膨らませ続けた」結果、終戦直後の激しいインフレによって、「国債は紙くず同然となり『国民の資産が犠牲になった』」と書いています。

しかし、戦前の日本が国債を発行せずに戦争を遂行したとしても、戦争に敗ければ、激しいインフレになり、国民の資産は犠牲になります。

国民の資産が犠牲になったのは、**国債の発行のせいではなく、戦争のせい**です。そして、戦争が国債の発行によって起きるわけではないことは、すでに述べた通りです。

さて、終戦直後の激しいインフレの歴史から得られる教訓が、「戦争に敗けて、供給能力を失ってはならない」ということならば、やるべきことは、敵の攻撃によって供給能力を破壊されないよう、防衛力を強化することでしょう。

その防衛力を強化するための財源を確保するために、国債を発行したほうがよいのであれば、**歴史の教訓は、「国債を発行すべきだ」ということになるはず**です。

国債の発行を否定したせいで十分な防衛力が確保できず、敵からの攻撃を防げずに国土が破壊されたり、海上封鎖されたりしたら、それこそ、激しいインフレに見舞われることになってしまうではないですか。

このように、歴史の教訓に学ぶと言っても、貨幣や資本主義の仕組みについて間違った理解をしていると、歴史から間違った教訓を得てしまうのです。

おわりに――最後の問題

本書の主張を要約すると、次のようになります。

防衛力の抜本的強化のための「財源」をどう確保するべきか。「財源」とは、貨幣のことである。そして、貨幣とは、負債の特殊な形式のことである（第一章）。

資本主義においては、民間銀行が、企業の需要に対する貸出しを通じて、貨幣（預金通貨）を「無から」創造する。貨幣は、民間銀行の貸出しによって創造され、返済によって破壊される（第二章）。

資本主義における政府の場合、中央銀行が、政府の需要に対する貸出しを介して、貨幣を「無から」創造する。政府が財政支出を行なうと、民間経済に貨幣が供給される。政府が徴税によって貨幣を回収し、債務を返済すると、貨幣は破壊される。税は、財源（貨幣）を確保するための手段ではなく、その破壊の手段である。政府が債務を負うことで、財源

（貨幣）が生み出されるのである（第三章）。

資本主義においては、政府は、中央銀行との協業によって、貨幣を創造できるので、防衛力を強化するための財源を確保するのに、増税をする必要はない。国民は、今の世代も将来の世代も、税という負担を追加的に課される必要はない。

しかし、防衛力の強化のためには、ヒトやモノといった有限の実物資源を動員しなければならないため、その過程で、需給が逼迫し、インフレが起きる可能性がある。貨幣を創造できる政府の支出はカネには制約されないが、ヒトやモノの利用可能量には制約されるのである。このインフレこそが、国民の負担になる。したがって、防衛力を抜本的に強化することで、今の世代は、インフレという負担を分かち合わなければならない（第四章）。

貨幣の本質や資本主義の仕組みを正確に理解すると、このような結論になります。

財源を徴税によって確保しなければならないとか、歳出改革（倹約）によって捻出しなければならないとかいった考え方は、資本主義以前の、貨幣を創造する能力を持たない封建領主の考え方なのです。

2022年末に、防衛費の財源を巡って、政府、政治家、経済学者、あるいはマスメディアが様々な主張を展開しました。

しかし、恐ろしいことに、その多くが、封建領主の財源論でした。

資本主義の仕組みも知らず、貨幣についてすら正確に理解しないままに、歳出改革や増税といった、財源を破壊する手段が、財源確保のためという理屈で、決定されたのです。

信じられないかもしれませんが、これが現実です。

これが現実だからこそ、日本経済は30年もの間、停滞し、衰退してきたわけです。

経済財政政策を封建主義的な発想で行ない続けてきたのだから、経済が成長しなくなるのも当然です。何も不思議なことはありません。

では、今後、政府、政治家、経済学者あるいはマスメディアは、その封建主義的な財政観を改め、貨幣と資本主義の正しい理解にもとづく正しい財政政策を行なう可能性はあるのでしょうか。

残念ながら、今のままでは、その見込みは小さいと言わざるを得ません。

その理由は、簡単です。

政治家であれ、官僚であれ、経済学者であれ、それなりの責任ある地位にあるエリートたちが、今さら「資本主義の仕組みも知らず、封建主義的な発想で、国民から税金を取っていました」「貨幣について間違った理解をしたまま、大学で経済学を教えていました」などと、認められるはずがありません。

貨幣循環理論だか、現代貨幣理論だか知らないが、そんな自分の地位を脅《おびや》かしかねない理論なんか、知りたくもない。仮に知って間違いを認めたところで、自分が今の地位から追放されるだけで、どうせ世の中、何も変わりはしない。だったら、そんな理論は、はじめから無視しておくに限る。

おそらく、こんな感じなのではないでしょうか。

したがって、彼らが、本書を読むこともないだろうし、まかり間違って読んだとしても、何も行動を起こしはしないでしょう。そして良識派ぶって「財政健全化」を唱え続けるのでしょう。

そんな自分の保身しか考えていないようなエリートたちが「将来世代にツケを残してはならない」などとご高説を垂れているような国。残念ながら、それが今の日本なのです。

読者の中には、「ならば、どうすればいいのか」と私に問いかけたくなった方もおられるかもしれません。

それについては、「ご自身で考えて、行動してください」とお答えするほかありません。

なぜなら、我が国は、民主国家だからです。

民主国家では、自分の国のあり方は、私たち国民が政治に参加して決めることになっています。ですから、各自で、祖国のために何ができるか考えて、それぞれ為すべきことをやればよい。結局のところ、そうするしかないのではないでしょうか。

たとえば、正しい経済政策を訴えている国会議員を支持するとか、自分の選挙区の政治集会に参加して財源について議論するとか、あるいはＳＮＳを使って貨幣や税についての正しい知識を広めるという方法もあるかもしれません。

いずれにしても、政治参加のやり方は、色々あるでしょう。

その政治参加のための武器となるようにと願って、本書を書きました。

素朴ではありますが、これが私にできる政治参加です。

切りとり線

★読者のみなさまにお願い

この本をお読みになって、どんな感想をお持ちでしょうか。祥伝社のホームページから書評をお送りいただけたら、ありがたく存じます。今後の企画の参考にさせていただきます。また、次ページの原稿用紙を切り取り、左記まで郵送していただいても結構です。

お寄せいただいた書評は、ご了解のうえ新聞・雑誌などを通じて紹介させていただくこともあります。採用の場合は、特製図書カードを差しあげます。

なお、ご記入いただいたお名前、ご住所、ご連絡先等は、書評紹介の事前了解、謝礼のお届け以外の目的で利用することはありません。また、それらの情報を6カ月を越えて保管することもありません。

〒101-8701（お手紙は郵便番号だけで届きます）
祥伝社　新書編集部
電話03（3265）2310
祥伝社ブックレビュー　www.shodensha.co.jp/bookreview

★本書の購買動機（媒体名、あるいは○をつけてください）

＿＿＿＿新聞の広告を見て	＿＿＿＿誌の広告を見て	＿＿＿＿の書評を見て	＿＿＿＿の Web を見て	書店で見かけて	知人のすすめで

★100字書評……どうする財源

名前

住所

年齢

職業

中野剛志　なかの・たけし

1971年、神奈川県生まれ。東京大学教養学部卒業後、通商産業省(現・経済産業省)入省。エディンバラ大学大学院に留学し、政治思想を専攻。同大学院より優等修士号、博士号を取得。論文"Theorising Economic Nationalism"(Nations and Nationalism)でNations and Nationalism Prizeを受賞。主な著書に『TPP亡国論』(集英社新書)、『日本思想史新論』(ちくま新書、山本七平賞奨励賞受賞)、『富国と強兵』(東洋経済新報社)、『小林秀雄の政治学』(文春新書)、『奇跡の経済教室』シリーズ(ベストセラーズ)など。

どうする財源《ざいげん》

——貨幣論《かへいろん》で読《よ》み解《と》く税《ぜい》と財政《ざいせい》の仕組《しく》み

中野剛志《なかのたけし》

2023年4月10日　初版第1刷発行
2023年4月30日　第3刷発行

発行者……………辻 浩明

発行所……………祥伝社《しょうでんしゃ》

〒101-8701　東京都千代田区神田神保町3-3
電話　03(3265)2081(販売部)
電話　03(3265)2310(編集部)
電話　03(3265)3622(業務部)
ホームページ　www.shodensha.co.jp

装丁者……………盛川和洋

印刷所……………萩原印刷

製本所……………ナショナル製本

Printed in Japan　ISBN978-4-396-11676-7　C0295